高等学校专业教材

预制菜导论

何志贵 赵 冬 王敬涵 主编

中国轻工业出版社

图书在版编目（CIP）数据

预制菜导论 / 何志贵，赵冬，王敬涵主编．--北京：中国轻工业出版社，2024．8．--ISBN 978-7-5184-4689-6

Ⅰ．F426.82

中国国家版本馆CIP数据核字第2024KL1865号

责任编辑：方　晓　吴曼曼　　责任终审：滕炎福　　设计制作：锋尚设计
策划编辑：史祖福　方　晓　　责任校对：晋　洁　　责任监印：张　可

出版发行：中国轻工业出版社（北京鲁谷东街5号，邮编：100040）

印　　刷：三河市万龙印装有限公司

经　　销：各地新华书店

版　　次：2024年8月第1版第1次印刷

开　　本：787×1092　1/16　印张：10

字　　数：230千字

书　　号：ISBN 978-7-5184-4689-6　定价：39.00元

邮购电话：010-85119873

发行电话：010-85119832　010-85119912

网　　址：http://www.chlip.com.cn

Email：club@chlip.com.cn

版权所有　侵权必究

如发现图书残缺请与我社邮购联系调换

230509J1X101ZBW

PREFACE 前言

随着我国消费升级，从实体商超到电商平台，从餐饮店到外卖，预制菜因满足新消费的个性化、便捷化、多样化需求而受到越来越多消费者认可。同时，餐饮业进入行业成熟期，餐饮结构出现新变革，降本增效成为餐饮企业生存的主要手段。因此，预制菜产业应运而生。根据《2023年中国预制菜产业发展蓝皮书》，2022年我国预制菜市场规模为4196亿元，2023年达到5165亿元，预计2026年将升至万亿元级别。截至2023年第一季度，我国预制菜相关企业达6.4万余家，山东、河南等地相关企业数量位居前列，46.8%的预制菜相关企业成立于1~5年内。据《中国烹饪协会五年（2021—2025）工作规划》数据，目前国内预制菜渗透率只有10%~15%，而该项指标预计在2030年将增至15%~20%，预计2030年中国餐饮规模将突破10万亿。预制菜产业链包括原材料种植养殖企业、预制菜生产企业、速冻食品企业、连锁餐饮企业和零售业，涉及农业生产、加工流通、餐饮服务、市场消费等多环节，是典型的一、二、三产业融合发展产业。2023年中央一号文件《中共中央 国务院关于做好2023年全面推进乡村振兴重点工作的意见》提出大力发展预制菜，同时部分省、市政府将预制菜列入当地政府工作报告，在政策与市场双重驱动下，预制菜产业进入快速发展阶段。与此同时，预制菜产业发展还存在一些制约和障碍。比如，产品口感与风味复原难度大，标准化生产程度不够；气调保鲜、精准保鲜与品质调控等关键共性技术、营养与风味稳态化、新型产品包装等技术创新亟待加强，在产品研发上要继续努力；冷链物流配送能力制约行业发展，物流成本要控制；等等。这些问题的解决都需要健全标准体系，走好规范化之路。

为适应预制菜行业发展，诸多烹饪类本科、高职高专院校陆续调整烹饪类各层次的人才培养要求，开设预制菜相关课程。为此，为满足预制菜相关从业人员及烹饪本科学生学习的需要，提高预制菜从业人员在宏观上对预制菜技术发展的科学而全面的认识，桂林旅游学院组织编写了《预制菜导论》。

本教材内容共八章。第一章介绍了预制菜定义、分类及特点。第二章介绍了国内外预制菜产业发展历史、现状及未来，使学生对预制菜发展趋势有深入了解，激发学习的兴趣。第三章涉及预制菜加工技术，包括预制菜加工的单元操作、技术方法、最新设备及产品开发。第四章介绍了预制菜的各种保鲜技术和产品杀菌技术。第五章介绍了预制菜包装和贮运要求、包装材料及技术、标签标识和供应链管理。第六章介绍了预制菜食品安全问题及其相关控制技术、食品安全管理体系。第七章涉及预制菜加工场所规划建设及生产管理，旨在帮助学生了解预制菜企业选址、厂房建设及生产管理要求。第八章介绍了当前我国预制菜市场准入、质量标准和相关法律法规，以期学生能够为进一步规范预制菜产业健康发展，完善市场监管制度作出贡献。

  本教材由桂林旅游学院何志贵、赵冬、王敬涵担任主编,桂林旅游学院崔莹莹、张宇晴和顺德职业技术学院冯才敏担任副主编,桂林旅游学院王婷、刘荣汉,济南大学胡建国,浙江旅游职业学院王玉宝,长垣烹饪职业技术学院高敬严,正大食品企业(上海)有限公司南宁分公司杨建彪,苏州苏大教育服务投资发展(集团)有限公司杨桂祥参与了本教材编写。由桂林旅游学院何志贵负责全书框架设计和统稿。

  本教材在编写过程中,得到了正大食品企业(上海)有限公司南宁分公司、苏州苏大教育服务投资发展(集团)有限公司、北京燕诚东方科技集团有限公司的大力支持,在此表示感谢。

  由于编者水平有限、时间仓促,书中不足之处,敬请专家和广大读者予以指正并提出宝贵意见,编者不胜感激。

编者

2023年10月 于桂林

CONTENTS 目 录

第一章　绪论 / 001

第一节　预制菜定义 / 002
第二节　预制菜的类型 / 004
第三节　食品、菜肴及预制菜肴的相互关系 / 006

第二章　国内外预制菜产业发展 / 009

第一节　国外预制菜的发展历史及现状 / 010
第二节　国内预制菜产业发展及未来 / 015

第三章　预制菜加工技术 / 033

第一节　预制菜加工单元操作 / 034
第二节　预制菜加工技术方法 / 036
第三节　预制菜加工设备 / 041
第四节　预制菜产品开发 / 049

第四章　预制菜保鲜技术 / 053

第一节　物理保鲜技术 / 054
第二节　化学保鲜技术 / 057
第三节　生物保鲜技术 / 059

第五章　预制菜的包装及贮运 / 061

第一节　预制菜包装材料及包装技术 / 062
第二节　预制菜标签标识 / 068
第三节　预制菜贮藏、运输与供应链管理 / 070

第六章　预制菜的食品安全控制 / 075

第一节　预制菜的食品安全问题 / 076
第二节　食品安全快速检测技术 / 079
第三节　区块链技术在食品安全控制中的应用 / 083
第四节　食品安全管理体系 / 089

第七章　预制菜加工场所规划建设和生产管理 / 097

第一节　预制菜工艺设计 / 098
第二节　预制菜加工场所布局及要求 / 100
第三节　预制菜加工场所项目建设 / 102
第四节　预制菜生产管理 / 105

第八章　预制菜食品安全监督管理 / 117

第一节　食品安全监督管理的概念 / 118
第二节　食品安全监管体制 / 121
第三节　预制菜相关法律与标准 / 127
第四节　预制菜食品安全监督 / 134

参考文献 / 151

第一章 CHAPTER 01
绪论

本章导学

近年来,随着预制菜产业发展,其安全性及生产规范性一直受到诟病,影响产业高质量发展。为此,2024年3月18日,国家市场监督管理总局等六部门下发了《关于加强预制菜食品安全监管 促进产业高质量发展的通知》,明确了预制菜的定义和范围。然而,我国传统菜肴品类丰富、原料多样,如何科学理解预制菜定义、分类,是发展预制菜产业、规范市场秩序的关键。为此,作为未来烹饪、食品工程技术人才,根据传统菜肴特点并结合预制菜科学内涵,如何开发合适的产品及制定预制菜食品安全标准、质量标准,是我们首先要解决的问题。

学习目标

1. 熟悉预制菜类别及其特点。
2. 熟悉预制菜、食品及菜肴的区别与联系。
3. 能够根据预制菜相关定义,解析预制菜科学内涵。
4. 能够根据预制菜科学属性,完成对某传统菜肴进行预制化的产品定义。

第一节
预制菜定义

一、预制菜的科学概念

预制菜是近年来新兴起并发展迅速的产业之一,因烹饪和食用方便快捷获得了消费者认可,发展空间广阔。但预制菜作为一个市场概念和产品类型,尽管国家有关部委出台通知,对预制菜范围进行了规范,但严谨、统一的且能够覆盖预制菜生产加工、冷藏冷冻和冷链物流等环节的标准及产品安全标准尚需明确规范。因此,明确预制菜的科学概念对预制菜工程技术研究发展和规范化管理具有重要意义。

预制菜,从字面上可以理解为"预先制造的菜肴(肴馔)",是以农、畜、禽、水产品为原料,配以各种辅料,经预加工而成的成品或半成品。与现做菜相比,预制菜需提前进行加工处理,但本质仍为"菜肴",区别于普通加工食品,保质期较短,食材新鲜。

我国传统菜肴讲究色、香、味、形、质、营、器,其烹饪技艺多样,蒸、炸、烩、烧、烤、煎、爆、熏、滚、煲、炖等各有其特点,而刀工的娴熟与否不但直接关系菜品的色与味,也影响菜肴的美观与火候的控制,而火候是中式烹饪中最难处理却也是最重要的一项,是烹饪技术的关键所在。传统菜肴更强调烹饪技艺,一道菜的成功与否几乎全部由烹饪的火候决定,而火候又往往是凭烹调者的经验去加以熟练运用,总之,一道高质量的菜肴往往依赖厨师的经验、情感和技艺水平。

预制菜作为菜肴的一种,应当具备菜肴的基本特点,但随着预制菜产业的兴起,其产业化发展的关键问题是菜肴工业化问题,即如何将传统菜肴转化为工业化的且具有"锅气"的预制菜肴。

我国预制菜产业目前尚处于初级发展阶段,产业入门要求低,渠道运营模式不成熟和冷链贮存配送成本高等问题凸显。由于缺乏国家/行业标准,导致产品质量良莠不齐,同质化竞争激烈。为提升消费者的接纳度和信任感,预制菜产业亟须完善标准,包括食品安全标准和质量标准,实现生产链及指标检测的可追溯性和量化性。2022年5月,南宁发布《预制菜术语》地方标准,将预制菜定义为:以一种或多种食品原料,配以或不配以包括食品添加剂在内的调味料等辅料,添加或不添加食品添加剂,经预处理或制作、包装,采用急速冷冻技术或保鲜技术保存的产品。同年6月,中国烹饪协会正式发布《预制菜》团体标准,该标准对预制菜的定义为:以一种或多种农产品为主要原料,运用标准化流水作业,经预加工(如分切、搅拌、腌制、滚揉、成型、调味等)和(或)预烹调(如炒、炸、烤、煮、蒸等)制成,并进行预包装的成品或半成品菜肴。

然而,上述定义并未解决老百姓对食品安全的疑虑,如是否可以添加防腐剂、速冻米面食品是否属于预制菜等。既然是预制菜肴,应当不可以添加防腐剂来延长货架期,而速冻米面食品、馒头、糕点等若属于预制菜，为何又可以添加防腐剂呢？一段时间以来，预制菜又成为一个贬义词，遭到各方的攻击，制约了产业发展。为此，2024年3月18日，国家市场监督管理总局等六部门下发了《关于加强预制菜食品安全监管 促进产业高质量发展的通知》，明确指出：预制菜也称预制菜肴，是以一种或多种食用农产品及其制品为原料，使用或不使用调味料等辅料，不添加防腐剂，经工业化预加工（如搅拌、腌制、滚揉、成型、炒、炸、烤、煮、蒸等）制成，配以或不配以调味料包，符合产品标签标明的储存、运输及销售条件，加热或熟制后方可食用的预包装菜肴，不包括主食类食品，如速冻米面食品、方便食品、盒饭、盖浇饭、馒头、糕点、肉夹馍、面包、汉堡、三明治、比萨等。按照这一规定，中央厨房制作的菜肴、不经加热或者熟制就可食用的即食食品，以及可直接食用的蔬菜（水果）沙拉等凉拌菜也不属于预制菜。

二、预制菜的科学属性

从预制菜的定义不难发现，预制菜一头连着农业、一头连着零售业，覆盖农田到餐桌的全产业链。上游的原料端涉及农作物种植业、畜牧养殖业、水产养殖与捕捞业等，中游的加工生产涉及预制菜工业化加工制造、传统速冻食品生产，下游消费端为面向酒店、餐饮企业及食品加工企业的B端（business）消费市场和直接面向家庭/个人的C端（consumer）消费。预制菜种类多样、涉及产业供应链条复杂，其产品属性也具有多样性。

预制菜指的是预制菜肴，是餐桌食品中"非终端""冷链"半成品的部分，可以调味或者不调味；可以包装、低温贮藏流通到消费者手中加热或熟制后食用，但一定不能添加防腐剂，需要配合冷链运输。

从终端性来看，预制菜是最接近终端食品的一类食品。对于中国人而言，人们一日三餐的"餐食"现做现食，以热食为主。"适口者珍"，这种餐食最符合人们的饮食审美习惯。酒店等餐饮企业制作的菜肴、面点，与家庭烹饪的"菜""饭"相同，都是人们饮食消费中最后阶段的食品，即终端食品。从饮食审美的角度，对"餐食"这一客体的具体展现层次进行深入研究分析，最终形成了独立的、系统的和严密的"三特性、十美"审美体系：即营养卫生特性指向的饮食实质审美，具体为质美；机能、嗜好特性指向的饮食感觉审美，具体为味美、触美、嗅美、色美、形美；附加特性指向的饮食意境审美，具体为器美、境美、序美和趣美。预制菜在加工中，根据人们的饮食审美习惯对其进行调味，符合人们对"一日三餐"的实质审美和感觉审美；食用时，通过简单加热或烹饪熟化即可，饮食审美主体的需求较易得到满足。这是预制菜的一大特色，也是预制菜生存发展的重要基础。

根据广西、辽宁等省区相关的预制菜生产许可审查细则，在申办预制菜生产许可时，应根据预制菜的原料、工艺对照国家市场监督管理总局制定的《食品生产许可分类目录》进行归类，对于未纳入《食品生产许可分类目录》具体类别的，申证食品类别为"其他食品"，类别编号为"3107",类别名称为"其他食品",品种明细填写"其他食品：冷藏（非）即食预制菜类（申证预制菜执行标准中的产品名称）"。由于预制菜原料来源广、加工工艺多样，各地市场监管部门须要结合食品原料、工艺等因素对预制菜实施分类许可。

因此，预制菜基本属性可以归纳为"将农产品及其制品，使用或不使用调味料，经工业化预加工（搅拌、腌制、滚揉、成型、炒、炸、烤、煮、蒸等）而制成，以半成品的形态呈现，在低温条件下贮藏流通到消费者的手中，经过简单加热或烹饪熟制处理后方可食用的预包装菜肴。"

第二节　预制菜的类型

一、按加工方式分类

在预制菜食品安全国家标准出台之前，相关分类标准与术语尚不统一。对于预制菜的类型，按照当前团体标准，可以根据加工方式的差异，将预制菜分为4类：即食预制菜、即热预制菜、即烹预制菜和即配预制菜。

即食预制菜是经过杀菌或熟制，开封后可直接食用的预调理食品。如，即食凤爪、牛肉干、各类卤味（鸭脖、鸭胗等）。其主要特点是开袋即食、无须再次调味，大部分产品保质期较长。

即热预制菜是指经过杀菌或熟制，开封后需要加热即可食用的食品。如，冷冻火锅料、螺蛳粉、自嗨锅等。其主要特点是不需要调味，但需加热食用，保质期较长。

即烹预制菜指已完成对主要原料的一定程度的加工或烹调，可直接进入烹饪操作的产品。如，冷藏牛排、宫保鸡丁、鱼香肉丝、梅菜扣肉、酸菜鱼等预包装食品。典型的特点是既需要额外烹饪，也需要添加已调好的调味包或酱料，保质期一般较短。

即配预制菜，也称为预制净菜，指对植物性食材进行预处理、清洗、切分、消毒、漂洗、去除表面水分等处理，对动物性食材进行宰杀、去毛、去鳞、去内脏、洗涤、分割等处理，经预包装后存储、流通的产品。其主要特点是由消费者自行调味并进行烹饪，基本为生鲜食品，保质期较短。

二、根据贮运温度分类

根据贮运温度差异，预制菜可划分为常温型（25℃）、冷藏型（0~4℃）及冷冻型（≤-18℃）食品。在常温下可以控制产品质量，并在常温状态下流通、销售的预制菜，称为常温预制菜；在0~4℃范围内可以控制产品质量，在冷藏状态下流通、销售的预制菜，称为冷藏预制菜。经过速冻工艺加工并在-18℃冷链状态下流通、销售的预制菜，称为冷冻预制菜。

预制菜产业的发展在很大程度上依赖冷链技术的发展，不仅要确保配送时效，而且对冷链运输的锁鲜技术也提出了更高要求。如速冻类预制菜的速冻、解冻和烹饪的温度控制；在预制菜包装过程中，为了保持产品的品质，预制菜需要进行快速冷却，可以有效抑制微生物生长，使产品快速通过危险温度带；在预制菜流通过程中，需要对低温工厂冷库、中转冷库、前置仓冷库、冷藏车、低温展卖冷柜等存放环境进行实时监控，并以多级预报警的形式提醒管理人员及时干预，防止预制菜在冷链物流过程中出现断链脱冷。

值得注意的是，按照《关于加强预制菜食品安全监管 促进产业高质量发展的通知》，对预制菜生产按原料和工艺实施分类许可。而对于预制菜分类标准如何规定，还需要等待国家有关部门尽快发布实施。需要注意的是，《通知》明确规定，主食类食品不属于预制食品，如速冻米面食品、方便食品、盒饭、盖浇饭、馒头、糕点、肉夹馍、面包、汉堡、三明治、比萨等。

三、其他分类

在相关分类标准尚未出台之前，可按原料、加工工艺、菜系、消费人群或场景、包装形式等进行分类。

根据预制菜的主要原料进行分类，可分为预制肉制品、预制蛋制品、预制素菜。根据预制菜的加工工艺可分为预调理菜肴、预制油炸肉丸、冷冻肉丸、预制扣肉等。

根据菜肴属性，预制菜可划分为肉类预制菜肴、水产预制菜肴及素菜预制菜肴。

根据地域菜系，预制菜囊括鲁菜、川菜、粤菜、苏菜、闽菜、浙菜、湘菜及徽菜等。

按照消费人群或场景，预制菜主要有连锁快餐、商超配送餐及餐厅食堂餐等类别。连锁快餐，指加工后冷冻或冷藏的半成品或成品，配送快餐店直接组配的预制食品；商超配送餐是指超市、商场销售的预包装食品；餐厅食堂餐指大包装的冷藏或冷冻的烹饪原料，经进一步熟制即可食用的预包装半成品。

根据包装形式，预制菜分为散装预制菜、小包装预制菜和大包装预制菜。散装指大包装开封后，客户根据需要量购买，主要在商超和专卖店销售；小包装指经加工制成的，冷冻、冷藏或常温保存，只经热水浴或微波炉等快速加热成熟化即可食用的预包装食品；大包装指大包装的冷藏或冷冻烹饪原料，经进一步熟制即可食用。

随着社会越来越关注预制菜，在预制菜新定义下，预制菜品种越来越丰富，对于研制预制菜术语、产品分类等质量标准已经刻不容缓，相信在不远的将来，预制菜将会有更为科学的分类。

第三节 食品、菜肴及预制菜肴的相互关系

一、基本概念

（一）食物与食品

食物是指具有可食性的物质。食物是人类生存之本，是富含营养素的物质。食物的来源包括动物与植物、陆产与水产、野生与种植（饲养）等，种类繁多。

《食品工业基本术语》对食品的定义是：可供人类食用或饮用的物质，包括加工食品、半成品和未加工食品，不包括烟草或只作药品用的物质。根据《中华人民共和国食品安全法》（后简称《食品安全法》）的定义，食品，指各种供人食用或者饮用的成品和原料以及按照传统既是食品又是中药材的物品，但是不包括以治疗为目的的物品。该定义包括了食品和食物的所有内容，包括三层含义：一是指通过种植、饲养、捕捞、狩猎获得的食物，即食品原料本身；二是指加工后的食物，即供人食用或饮用的成品；三是指食药两用物品，是指既是食品又是中药材的动植物原料，但不包括药品。

食品必须满足以下三个基本特性：一是营养性，食品能提供人体所需的营养成分和能量，满足人体的营养需要，营养性是食品的主要功能；二是感官性，食品具有良好的色、香、味、形和质构等属性，能够满足人们对感官的不同嗜好要求，从而发挥增进食欲、促进消化和稳定情绪等作用；三是安全性，食品应对人体无毒无害，对人体健康不造成任何危害。以上三个特性是食品应该具备的基本性质，对预包装食品来讲，除以上三点外，还应满足功能性、方便性、耐贮藏运输性等要求，其中方便性和耐贮藏运输性是食品区别于家庭及餐饮单位制作食物的根本。

（二）菜肴与预制菜肴

菜肴，《现代汉语词典（第7版）》中释义"经过烹调供下饭下酒的蔬菜、蛋品、鱼、肉等"。菜肴在色泽、香气、滋味、形态、质地、温度、盛器和营养等方面表现其特有属性。

色泽指主料、辅料通过烹制和调味后显示出来的色泽，以及主料、辅料、调料的配色。美好的色泽给人美的感受和体验，进而增进食欲。

菜肴的香气指烹饪产品的主料、辅料、调料等经烹制后挥发出来的能诱发食欲的美好气味，如谷香、肉香、鱼香、菜香、花香、果香等。在饮食活动中，人的嗅觉往往先于味觉，正如有关形容闽菜传统名菜"佛跳墙"的诗句中说的那样，"坛启荤香飘四邻，佛闻弃禅跳墙来。"

滋味是指菜肴特有的能尝到的咸、甜、酸等滋味，由原料、火候、调味等三个步骤构成，原料是滋味的载体、火候是关键、调味是根本。

烹饪产品的形态是指烹饪产品主料、辅料成熟后的外表形状，或造型，或图形，以及盛装在容器中的形态。虽然饮食以食用为目的，饮食艺术也是以味美为主旋律的艺术，但它也需以具体的外在形态来表现它的题材和内容。

质地主要取决于选料、配料、烹调技法、火候和刀工的技艺水平。它体现了烹饪产品的特色，同时集中地反映了中国菜肴的特点，烹饪产品质地的好坏在一定程度上也反映了烹调师操作水平的高低，菜肴质地的优劣能在很大程度上影响人们的食欲。

温度，即菜肴出品时的温度。同一种烹饪产品，出品食用的温度不同，口感质量会有明显差别。不同的菜肴对温度的要求也不同，"一滚当三鲜"，可见菜肴的温度在就餐时的重要性。通常热菜的最佳食用温度为60~65℃，冷菜的最佳食用温度在10℃左右。

我国传统菜肴依托器皿来呈现，所谓"美食不如美器"，这看似可以独立于菜肴本身的盛器，是烹饪产品特有的属性之一。菜肴盛器的形状、大小、颜色、纹饰等与烹饪产品搭配得适当，能给人以心旷神怡的感觉，从而增进人们对烹饪产品的喜爱，并使就餐者的食欲大增。

营养，即菜肴所具有的营养价值和养生调理价值，包括烹饪产品所具有的营养素、营养密度等，也包括中国烹饪所独有的养生保健特性。

作为菜肴的特有属性的各要素之间是互为依存、相互制约、互相影响、彼此关联的。如"色"的和谐、"香"的生成、"味"的调和、"形"的美观、"质"的感受、"养"的搭配、"器"的配合。否则，就不能成为一个具备完美"属性"的烹饪产品。

从广义上来讲，预制菜是以一种或多种食用农产品及其制品为原料，通过工业化预加工/预烹调而成的预包装成品或半成品菜肴。作为一类特殊的菜肴，应当具备传统菜肴的特有属性。传统菜肴是经烹饪工艺后产生的食物，是餐桌消费场景下的产品，而预制菜肴是利用食品加工工艺和现代工程技术而生产的食品，具有食品一般属性，这在第一节中已有讨论。

二、普通食品、预制菜肴的关系

根据食品及预制菜肴的定义，预制菜具备食品的一般属性，符合《中华人民共和国食品安全法》及《食品工业基本术语》的食品定义，在预制菜生产、流通领域应遵循相关法律法规要求。

从产品特性来看，普通食品能够提供人体所需的营养素和能量，满足人体生长发育的营养需要。而预制菜肴除满足营养功能外，还强调感官功能与调节功能，强调色、香、味、形、器、意、养。

在产品命名上，普通食品通常从加工工艺、原料来源、食品特点等方面进行分类，也可以通过包装、地域等方式表达，如发酵香肠、罐头、金华火腿等。而预制菜肴往往以原料为主，主要以食材、地域与典故等方式表达，如羊蝎子、杭椒牛柳、东坡肉、佛跳墙。需要注意的是，预制菜作为食品的一种，是否顺利遵照《食品安全国家标准 预包装食品标签通则》（GB 7718）关于名称的要求，往往需要依据该预制菜肴是否为人们熟悉的通用名称。此外，还需进一步推动制定预制菜术语、产品分类、标签标识等质量标准或细则。

在消费场景和流通方式上，普通食品以常温、冷藏为主，少量冷冻，无特定的消费场景、消费时间，在商超、卖场进行售卖，对货架期要求较长。而预制菜肴往往以冷冻为主，通过冷链运输、销售，具有较为特定的消费场景，是人们一日三餐规律性的持续消费。

在产品形态方面，普通食品主要有固态食品、液态食品、凝胶食品、流体食品、悬浮食品等；也包括片剂、硬胶囊、软胶囊、口服液等。预制菜肴一般为固态食品、半固态食品，部分汤羹类菜肴呈液态、固态（冻干）；在食用方式上，不同于即食食品，预制菜肴需进一步加热或熟制。

特别强调的是，在食品添加剂使用方面，普通食品遵照《食品安全国家标准 食品添加剂使用标准》（GB 2760）添加，依靠食品添加剂或加工助剂来实现质构改良、赋香赋味、防腐等作用。而预制菜肴强调清洁标签、减量添加、使用天然调味料，依靠食材搭配实现"食性"互作，香辛料、调味料赋香赋味。所谓清洁标签是指食品标签中尽可能少出现食品添加剂、保持食品配料表中食品天然的属性，这一点符合我国传统菜肴的技术特点和大众的消费期待。特别地，根据国家有关部门对预制菜范围的规范出台，预制菜不得添加防腐剂，这也是区别于普通食品的法规依据所在。

思考题

1. 不同地方标准、行业标准对预制菜的定义不同，请归纳总结预制菜的基本含义及要素。
2. 请阐述预制菜与食品、菜肴的区别及联系。
3. 请以我国某一知名菜肴为例，试描述该菜肴工业化、预制化的基本定义。

第二章 国内外预制菜产业发展

本章导学

预制菜产业一头连着田间地头,一头连着消费者餐桌,其快速发展既顺应了需求侧的变化,满足了消费者对美食的多元需求,也推动了农村一二三产业的融合发展,成为农业转型升级的新业态、农民"接二连三"增收致富的新渠道,为助力乡村产业振兴、实现共同富裕发挥了重要作用。

近年来,我国预制菜产业发展迅速,其产业链涉及农业生产、加工流通、餐饮服务、市场消费等多环节。预制菜的出现迎合了市场对效率与品质的需求,帮助餐饮企业实现降本增效,助力农产品的标准化,给消费者带来便捷体验。预制菜产业高速复合增长的同时,仍面临国家和行业标准不统一、质量难保证、C端市场待开发等风险与挑战。

由于冷链物流技术的发展和互联网的普及,预制菜肴走进千家万户,成为消费者日常饮食中不可或缺的一部分。在饮食中使用预制菜肴的传统由来已久,我国古代人民常常会采取腌制、发酵、干制等传统食品加工工艺处理新鲜食材,制作成为半成品菜肴。北魏年间的《齐民要术》上便有"瘃脯"一词,即现代的腊肉;宋朝时期的《格物粗谈》对"火腿"也有相关记载,这便是早期预制菜肴的雏形。但由于受到当时生产力的限制,无法进行工业化、标准化的生产,直到19世纪,工业化生产的罐头食品的出现标志着严格意义上预制菜肴的产生,随着食品加工技术与装备的发展,预制菜肴也不断推陈出新。

学习目标

1. 了解我国预制菜的发展历史及现状。
2. 熟悉国外预制菜的发展历史及市场趋势。
3. 掌握国内预制菜行业政策环境。

第一节
国外预制菜的发展历史及现状

预制菜起源于美国，20世纪60年代开始实现商业化经营，于20世纪80年代成熟于日本。2020年美国和日本预制菜市场规模分别为454亿美元和238.5亿美元，到2021年，日本预制菜行业覆盖率高达60%以上。预制菜行业已经非常成熟的欧美、日本，近年来预制菜的发展呈现出哪些新趋势？又出现了哪些新颖的产品？本节围绕国外预制菜近年来的新品趋势来逐一盘点。

一、预制菜肴的历史与现状

在1806年，法国科学家尼古拉·阿佩尔（Nicolas Appert）创新性地发明了罐藏加工技术。紧接着在1810年，英国人唐金（Donkin）利用此技术，首次生产出锡罐装的牛肉罐头，这可视为近代最早商业化的预制菜肴。进入20世纪20年代，机械化制罐工艺逐步完善，使得金属罐装的常温流通预制菜肴逐渐从军事领域走入欧美普通家庭。到了20世纪50年代，得益于塑料包装材料及包装技术的飞跃，轻便的蒸煮袋被美国军方应用于预制战斗口粮，从而推动了常温保存的软罐头预制菜肴成为历史舞台上的主角，直至如今仍为预制菜肴的主要形式。

快速冷冻和冷藏技术的出现，不仅推动了食品加工技术的革新，更是显著提升了预制菜肴的口感和品质。1920年，美国发明家克拉伦斯·伯迪厄（Clarence Birdseye）创造了世界上第一台快速制冷机，并在1930年推出了速冻预制菜肴。1953年，美国Swansons公司将烹调好的火鸡及其他常见晚餐配菜采用铝制托盘包装出售，开创了完整预制（pre-prepared meal）的先河。20世纪80年代，速冻技术传入日本，预制菜肴市场得以迅速拓展。与此同时，冷链配送技术的革新推动了冷藏预制菜肴产品的研发，如商业化冷藏流通预制菜肴Chicken Kiev等，进一步丰富了预制菜肴的品类。

（一）日本预制菜

1. 日本预制菜肴发展的四个时期

1958年至1968年是萌芽期。在之前，内食是日本主流的家庭消费习惯。自1964年，东京奥运会食堂使用加工烹饪后的速食食品，酒店和餐饮企业才注意速冻食品的便捷性。次年，日本的冰箱使用率达到50%，冷链也在此阶段布局。从1958年至1968年期间，日本消耗的预制菜从0.13万吨增加到2.54万吨，年复合增长率达到45%。

成长期始于1968年至1991年，这一时期，日本经济迅速扩张，女性纷纷走出家庭投身职场，外出就餐比例不断提高，预制菜因此得以迅速渗透市场。1970年被誉为日本餐饮业的元年。这一年，日本首家肯德基门店开业，连锁餐厅如雨后春笋般涌现。至1990年，日本肯德基门店数量已达900多家，冷冻食品产量超过100万吨。在此期间，日本预制菜行业年复合增长率约为10%。预制菜的成长与餐饮业及冷链产业的发展密切相关，可谓日本餐饮业发展的必然产物。

在1991年至2010年这一时期，日本预制菜产业进入成熟阶段。1991年，受"广场协议"影响，日本被动增加进口，减少出口，经济泡沫破灭后，日本经济陷入长达10年的停滞期。1993年至2002年，日本的GDP增长率只有0.8%。在此阶段，消费者更加注重性价比，低价产品成为大众消费的主流。1997年，日本外食行业规模达到29.1万亿日元。然而，自2001年至2011年时，由于通货紧缩、疯牛病的影响，消费者外出就餐比例被动下降。在此背景下，B端消费的冷冻食品销量在三年内下降了20%。受到整体消费市场的影响，随着消费者购买力的下滑，预制菜市场也逐渐陷入低谷。

2010年，日本经济环境稳定，城镇化率保持稳定，正式进入老龄化社会，单身人口数量增加。在这种社会背景下，B端不再是速冻食品主销的渠道，相反，单身社会的崛起，年轻人倾向于在家快捷烹饪，直接购买预制菜。因此，"家庭用"的预制菜起步虽缓慢，但后续增长强劲，近年来始终保持稳步增长。2021年，C端预制食品产量达到79.89万吨，B端预制食品产量为79.75万吨，家庭端预制菜产量已超过餐饮端。此外，冷冻预制菜产值已占到日本冷冻食品总产值的90%。

2. 日本预制菜的常见类型

（1）炒面类　日本预制菜中的炒面系列品种繁多，包括经典炒面、炒饭，以及富有创意的泡菜炒面和咖喱炒面等。这些预制菜通常由新鲜蔬菜、炒面或炒饭，以及特制酱汁组成，只需加热即可食用。

（2）日式便当　日本便当也是一种备受喜爱的预制菜。便当内通常包含一道主菜、数种小菜、米饭和精美的装饰。主菜可选用烤鱼、炸鸡、牛肉或炖菜等，小菜则可包括腌制蔬菜、豆腐、海鲜等。这些便当盒既美味又美观，令人更有食欲。

（3）寿司和生鱼片　寿司和生鱼片作为日本料理的代表，同样也是预制菜的热门品种。寿司由新鲜生鱼片置于醋饭上，再用海苔包裹而成。生鱼片则是将新鲜生鱼切片，可单独食用或搭配其他菜肴。这些预制菜对食材新鲜度和切割技艺要求极高，以确保口感与味道的卓越。

3. 日本预制菜的制作过程

（1）食材筹备　日本预制菜在食材的遴选与筹备方面尤为精细。选取新鲜优质的蔬菜、肉类及海鲜作为预制菜品的核心食材，是确保其口感美味的关键所在。同时，特殊调味料与酱汁的选用亦至关重要，它们能够有效提升预制菜品的风味特色。

（2）切割与加工环节　切割与加工是预制菜制作中不可或缺的一环。例如，寿司中的醋饭需按照特定工艺进行调制，而生鱼片则需运用精湛刀工切割成薄片。这些步骤均要求操作者具备熟练的技艺与细致的耐心。

（3）烹饪与包装流程　烹饪作为预制菜制作的核心环节之一，同样要求严格把控。日本的炒面、便当等预制菜品需综合运用炒煮、蒸煮、炸煮等多种烹饪技法。烹饪完成后，预制菜通常还需经过精心包装，如采用真空包装、密封包装等方式，以确保食材的新鲜度与口感品质得以长久保持。

4. 日本预制菜的优势和挑战

（1）优势　日本预制菜的显著优势在于其便捷性和美味性。这类菜品能有效节省消费者的时间与精力，实现便捷且高效的就餐体验。此外，其精美的包装也极具特色，不仅适合作为礼品赠送，还便于携带外出，满足多样化场景需求。

（2）挑战　制作日本预制菜对厨师的技巧要求较高，且需遵循严格的卫生标准。特别是在处理生鱼片和寿司等需精细切割的食材时，更是考验厨师的技术水平。同时，保持食材的新鲜度也是一大挑战，需在运输和保存过程中采取有效措施，确保食材品质不受影响。

（二）美国预制菜

20世纪20年代，美国研制出了世界上第一台快速制冷机，从技术上突破了冷冻食品加工难题，为后来冷冻食品产业乃至预制菜的发展打下了基础。

预制菜的概念起源于20世纪30年代的美国，当时大量的工人涌入城市，一些工厂为了满足他们的饮食需求，开始生产简易食品，并通过密封包装卖给工人。

20世纪40年代是其萌芽发展期，随着冷冻加工技术的不断提高，加上第二次世界大战后美国本土一片欣欣向荣，催生了餐饮连锁企业的快速发展，其中比较典型的代表就是肯德基，这对于美国未来发展预制菜起到了很好的示范效应。

1950年至1970年，是美国预制菜的高速成长期。一方面得益于美国大力推进州际公路建设，不仅大幅缩短了城市间的物流运输时间，而且在规模超过5万的城市间实现了很好的人口衔接。另一个方面，则是越来越多的美国女性进入职场，推动餐饮需求的激增。除肯德基和汉堡王开始自己的扩张和规模化发展外，麦当劳1955年的第一家特许加盟店也正式诞生，标志着美国连锁餐饮从那时起开始了一条快速扩张的道路。美国西斯科公司（Sysco）真正标志着美国预制菜正式走向规模化和产业化的管理和运营。Sysco于1969年成立，1970年3月上市，年销售额从最初1.15亿美金涨到2021年的513亿美金，51年涨了445倍。Sysco共经营40多万种产品，其中包括约40000种Sysco品牌产品，即自有品牌占比约10%。Sysco是国内很多供应链企业的对标企业。

从1970年到现在，美国的预制菜得到了前所未有的繁荣发展，也为全球各国提供了可以参照的产业蓝图。如今已形成以美国西斯科公司、泰森、康尼格拉为代表的预制菜巨无霸企业，2021年其销售额分别为513亿美元、430亿美元、110亿美元。

二、国外预制菜行业市场趋势

（一）植物基原料是预制菜食材的大热门

1. 植物基原料的预制菜受欢迎

根据天然食品市场调查公司（SPINS）的数据，美国植物基食品零售额在2021年增长6.2%，创下74亿美元的历史新高，晚餐、零食和早餐类别的植物基冷冻食品购买量有所增加。2021年，植物基肉类销售额达到14亿美元，植物性鸡肉增长了401.3%，增长至106万美元，为了使品牌保持相关性和竞争力，预制菜企业也需要提供更多的植物基替代肉选择。

Sweet Earth韩国BBQ烧烤风味预制菜，加入了大豆浓缩蛋白制成的腌制植物肉丝，以及蔬菜、菠萝和芝麻，并以Gochujang辣椒酱进行调味，每100g含有15g蛋白。

Deep Indian Kitchen推出的植物基印度风味鸡肉冷冻餐，每100g含有14g植物蛋白，是由孜然米、咖喱酱、大豆分离蛋白和小麦面筋粉制成的植物鸡肉块，非转基因，含有新鲜研磨的香料。

2. 注重成分的健康性

此外，标签标示有机、草饲、无抗生素、无笼养等的食材在欧美的预制菜食材中非常常见，以健康天然的原料来实现差异化竞争在成熟的预制菜市场环境下是非常有必要的。欧美预制菜企业会强调成分的天然，剔除不好的成分（如人工添加剂等），甚至会使用价格昂贵的高端食材。

Evol Foods是一个以成分健康著称的预制菜品牌，该企业使用无抗生素猪肉、草饲牛肉和无笼养鸡蛋，还避免添加任何人工色素和香料，甚至还加入了珍贵的意大利松露。该品牌提供一系列单份餐点，包括早餐、墨西哥卷饼、比萨饼、意大利面和各种地域性菜肴，如意大利、墨西哥、中国和日本菜系，此外也有无麸质和素食的产品线。

（二）追求极致便利性，更为便捷的烹饪方式

便利性是消费者选择预制菜的最主要原因，更简单的烹调方式、更短的烹调时间，以及易撕的包装，预制菜企业正在寻求极致的便利性来满足消费者的需求。

Saffron Road推出了一系列便捷的预制菜产品，只需直接加热60s便可以享受来自世界各国风味的美食，无论是在家还是野餐都能非常方便地进行烹饪，有椰子咖喱、孟买扁豆、鹰嘴豆咖喱、德里土豆等四种异国风味。

（三）添加功能性成分或满足特定人群饮食

1. 功能性成分的添加

功能性是日本预制菜产品的重要特色，作为功能性食品市场非常发达的国家，日本企业

将各类功能性成分添加到预制菜中，预制菜已不仅可以满足食欲，也是能够帮助减肥、防"三高"、增强免疫、美容的功能性食品。

2. 满足特定人群的饮食需求

除了年轻人以外，中老年人也是预制菜的潜力消费人群。作为人口老龄化国家，日本有专门针对具有咀嚼功能障碍或者吞咽障碍的老年人的微笑介护食品，以三种颜色的标签来区分，其中有相当多的预制菜产品，跟普通预制菜相比，食材更加柔软，方便吞咽和咀嚼，烹饪过程也非常方便，让老年人也能享受到美味的饮食。

（四）亚洲风味更受欢迎

和中国预制菜囊括八大菜系和各种地方特色一样，丰富的菜系和风味也是国外预制菜的重要特色。受亚洲、地中海和拉丁美洲风味的启发，新兴的异国风味在欧美预制菜中越来越受欢迎，中国、日本、印度、泰国等亚洲国家的地域风味和特色菜开始出现在欧美预制菜中，这也为我国预制菜企业走出国门提供了机会。

知识拓展

预制菜成熟于日本，20世纪七八十年代，预制菜在日本高速发展，保持每年20%的增速，其间日本两家最大预制菜公司神户物产和日冷集团诞生。

神户物产是一家从事食材生产、批发和零售的食品巨头，主要包括商业超市和餐食业务，2021财年实现营收26亿美元。目前，神户物产在日本建有25家工厂，969家业务超市，同时公司在全球拥有350多家合作工厂，并从全球约45个国家集中采购1500余种商品，向B端、C端客户提供物美价廉的原创食品与标准品。

日冷集团由海产品起家，重点发展冷冻预制菜及冷链物流业务。公司于1942年成立，20世纪50年代起重点开拓冷冻预制菜业务，1985年集团更名为日冷，加强品牌建设以更好发力零售渠道。

根据欧睿国际数据，2020年美国预制菜市场规模为454亿美元，日本预制菜市场规模为238.5亿美元。

美日企业发展各有千秋，美日预制菜企业主要在细分赛道进行差异化竞争，肉食类、主食类等各赛道均聚集了一批龙头企业。

美国预制菜企业比较集中，多为综合性食品集团，具有渠道优势、品牌优势，以横向并购、多品牌运营的方式进行市场扩张。如婴幼儿食品起家的雀巢，即通过并购进入预制菜赛道，目前是美国C端预制菜龙头企业，拥有多个预制菜品牌，涵盖美式、德式、意式等多种菜肴风味。

> 日本预制菜企业多以自身局部优势切入，而后打磨产品力、渠道力，向产业链上下游纵向延伸。例如神户物产主打高性价比产品，以加盟连锁形式的业务超市销售预制菜，并通过在全球布局上游原材料行业，以规模化采购优势拿到低价高品质食材，进而优化生产结构，建设完善的冷链网络提升综合竞争力。

第二节 国内预制菜产业发展及未来

我国自2019年以来，预制菜潜移默化地渗入餐饮市场和消费者的生活中，并在资本的助力和加持下，摇身一变成为热门话题和新晋风口。

爆火的预制菜是如何发展起来的？预制菜未来的发展趋势如何？本节将从我国预制菜产业现状、发展历史、市场现状、未来趋势四个角度出发，对我国预制菜产业进行深度解析和研究。

一、我国预制菜产业现状

20世纪90年代后期，肯德基、麦当劳等连锁快餐企业进驻我国，相关净菜配送加工厂逐渐兴起。2000年后，食品保鲜技术及冷链产业在我国加速发展，预制菜肴的供应链逐步完善。2014年后，互联网技术的飞速发展和电子商务的普及推动着外卖行业的快速发展，复合调味料的迅速发展使不同种类的预制菜肴陆续出现，我国预制菜肴行业逐渐追上世界脚步，其中针对中央厨房和小型餐饮单位的预调理食品受到市场的追捧。

近几年，预制菜概念持续火爆。2020—2023年，受市场需求迅速增长的影响，众多餐饮企业通过研发预制菜产品、推出预制菜行业供应链解决方案等形式抢占新赛道，从而推动预制菜市场规模持续快速增长。可见食品加工技术的研发推动着预制菜肴的不断创新，预制菜肴的发展历史也是近代食品加工技术变革的缩影与写照。

此外，目前的"懒宅经济"带动了预制菜产业的快速发展。预制菜可以简化买菜、洗菜、切菜、烹饪等工序，更符合年轻人的生活方式和消费习惯。

二、我国预制菜发展历史

早在20世纪90年代，国内便出现了净菜（指洗净后的菜），21世纪初，我国陆续出现半成品生产企业，对肉禽和水产等原材料进一步加工。2000年后深加工的半成品菜企业开始涌现，预制菜产业的发展由此拉开帷幕。但由于条件不成熟，行业整体发展较为缓慢。直到2014年，预制菜行业在B端步入放量期，C端在2020—2022年这一时期迎来消费加速期。2019年我国预制菜市场规模约2445亿元，其中B端市场为1956亿元，C端市场489亿元（图2-1）。随着消费升级以及冷链物流布局，预制菜市场将向B、C端同时加速发展。

截至2022年12月29日，我国现存预制菜相关企业7.59万家。近10年来，我国预制菜相关企业注册量整体呈上升趋势，其中，2018年注册量超过1万家，2019年新增1.28万家，2020年新增1.29万家，2021年新增4212家，2022年新增3470家。

预制菜在中国的发展进程

	萌芽期	成长期	快速发展初期	快速发展期
预制菜生产方	以代工厂为主，市场上未出现明确的品牌	企业开始有品牌意识；专门预制菜品牌，如味之香、彭记坊、新聪厨；餐饮品牌：全聚德、新雅；供应链：乐禾食品	专门预制菜品牌：如大希地、麦子妈；餐饮品牌：王家渡；供应链：盒马工坊、菜嘟美；零售：味库、锅圈；农业企业：望家欢、惠康；速冻食品企业：安井食品	预制菜第一股：味知香；专门预制菜品牌：珍味小梅园、寻味狮；餐饮品牌：海底捞、西贝；供应链：叮咚买菜、美团；零售：三餐有料；农业企业：圣农、正大
预制菜需求方	西式快餐品牌引入，催生出对统一性的快餐半成品需求	中式餐厅需要半成品，消费者偶尔购买老字号餐饮预制菜	餐厅规模化、连锁化，需要大量半成品食物和成品食物，外卖、小型B端需要大量预制菜；C端消费者生活节奏加快，偏好预制菜	做饭需求增加；宅时代下年轻人对食物口味需求增加，预制菜需求增加
产品形式	西式快餐用的处理过的食材，如薯条、鸡块等	主要为处理过的食材、即烹食品	食品种类更广、形式增多各类预制菜多数流入B端市场，C端市场发展迅猛	食品品类更广，菜系种类日渐丰富；更方便、更简单的预制菜备受欢迎
	20世纪80、90年代	2000—2009年	2010—2019年	2020年至今

图2-1　中国预制菜发展四个时期

资料来源：头豹研究院，制图：红餐产业研究院

三、我国预制菜市场现状

近几年，预制菜行业发展按下"加速键"，呈现市场规模稳步增长、发展潜力巨大的特征，同时呈现出区域特征显著、行业集中度较低等特征。

（一）市场规模与增长空间：未来高达万亿级产业赛道

近三年来中国预制菜市场规模稳步增长，数据显示，2022年中国预制菜市场规模达4196亿元，同比增长21.3%。预计未来3~5年，中国预制菜市场规模有望以20%左右的高增长率

逐年上升，2023年达到5165亿元，同比增长23.1%，预计在2026年达10720亿，我国预制菜产业有望发展成下一个万亿级市场。

从市场渗透率和行业竞争格局来看，根据《中国烹饪协会五年（2021—2025）工作规划》，目前国内预制菜渗透率只有10%～15%，预计在2030年将增至15%～20%。而美国、日本预制菜渗透率已达60%以上，中国预制菜市场还有较大的扩容空间。

《2022年中国连锁餐饮行业报告》认为，受冷链运输、物流成本、销售渠道和资金等限制，目前我国的预制菜行业仍然处于前期探索阶段，虽然市场参与者众多，但总体上仍存在区域特征显著、规模以上企业较少、产品同质化现象明显、行业集中度低且高度分散等特点，竞争格局尚未定型。

（二）产业链与主要参与者：多类型企业和跨界企业多

近年来预制菜产业蓬勃发展，已形成相对完整的产业链。产业链的上游为原材料供应型行业，主要包括农、牧、渔等种养殖企业，米、面、粮、油等农副产品初加工企业以及食品包装等包装供应企业。上游产业在预制菜产业链中的地位至关重要。预制菜的原材料成本占比较高，因此原材料价格变动对预制菜的成本影响较大。

产业链中游为预制菜生产和加工业，主要负责净菜、半成品菜的生产加工，包括专业预制菜加工企业、传统速冻食品企业和餐饮企业等。

产业链下游是预制菜的消费市场，基本分为B端和C端两大销售渠道。B端销售主要面向连锁餐厅、菜品批发市场、乡厨、酒店等，C端销售渠道是指食品企业或者餐饮企业在工厂完成预制菜加工后，通过餐饮门店、生鲜电商平台、商超等渠道销售给顾客。预制菜最初是为餐饮企业提升备菜效率而催化出来的产品，因此，当前预制菜市场主要以B端销售为主。数据显示，我国预制菜行业最大的需求来自餐饮行业，有85%以上的预制菜产品销售至B端。

2020年以来，随着餐饮外卖行业的蓬勃发展和家庭端消费需求变化，预制菜C端迎来消费加速期，销量大幅提升，预制菜从餐饮后厨逐步走入家庭餐桌。

目前，除了原料供应企业、预制菜专业生产企业、速冻食品企业、连锁餐饮企业和商超零售类企业等行业主要参与者，还有很多企业跨界加入，积极转型，布局预制菜领域，开展相关生产经营。如格力电器、老板电器、海容冷链等企业从预制菜生产制造设备、冷链物流设备等电器生产领域切入预制菜产业；外卖、商超、生鲜电商等平台也纷纷入局，如饿了么成立专门团队优化细分行业运营，叮咚买菜等电商平台上也将预制菜在商品分类中单列出来；还有不少看起来与预制菜行业"毫不相关"的企业，则借助行业成熟的供应链，选择以产品为抓手，直接创立预制菜品牌。如地产巨头碧桂园集团进军预制菜产业，旗下广东碧乡科技发展有限公司推出"食机已道"系列鲟鱼预制菜品；快递行业龙头顺丰也宣布推出预制菜行业供应链解决方案，全面布局预制菜。

四、我国预制菜行业政策环境

（一）国家层面政策

近年来，为帮助我国预制菜行业的发展，国家相关部门也出台了一系列产业扶持政策，表2-1列出了一些相关文件。《关于扩大当前农业农村基础设施建设投资的工作方案》《农业农村部关于加快农业全产业链培育发展的指导意见》《关于恢复和扩大消费的措施》等政策不断推动预制菜行业的发展。

到2023年预制菜被写入中央一号文件以及各省市政府工作报告，表明该行业发展迎来强有力的政策支持，未来预制菜行业的发展将由自由市场向标准化、规模化转变，预制菜产业的发展规划日渐清晰。

表2-1　2011—2023年中国国家层面预制菜产业相关文件

发布时间	发布部门	文件名称	重点内容
2011年5月11日	财务部、国家税务总局	《关于享受企业所得税优惠的农产品初加工有关范围的补充通知》	涉及文件中规定的农产品初加工预制菜企业，可享受企业所得税优惠政策
2016年11月14日	农业部	《全国农产品加工业与农村一二三产业融合发展规划（2016—2020年）》	鼓励研制生产一批预制菜肴等多元化主食产品；在优势农产品产地，发展300个预制菜肴加工项目
2016年12月17日	国务院办公厅	《国务院办公厅关于进一步促进农产品加工业发展的意见》	鼓励主食加工业发展。拓宽主食供应渠道，加快培育示范企业，积极打造质量过硬、标准化程度高的主食品牌。研制生产一批传统米面、杂粮、预制菜肴等产品，加快推进马铃薯等薯类产品主食化；并支持大中城市郊区重点发展主食、方便食品、休闲食品和净菜加工，形成产业园区和集聚带
2017年3月22日	农业部	《农业部办公厅关于深入实施主食加工业提升行动的通知》	要充分认识重要意义、准确把握目标要求、进一步明确重点任务、切实加强组织保障，并对具体任务做出了细化，例如开发多元产品、建设传统米面等谷物主食加工生产线等
2019年8月30日	中国轻工业联合会、中国纺织工业联合会、中国建筑材料联合会等	《工业企业技术改造升级投资指南（2019年版）》	引导金融、社会资本向食品加工行业中的粮食、果蔬加工行业综合开发利用、肉类综合利用深加工等方向投资，为预制菜产业发展营造良好环境
2021年1月28日	自然资源部、国家发改委、农业农村部	《自然资源部 国家发展改革委 农业农村部关于保障和规范农村一二三产业融合发展用地的通知》	保障包括预制菜产业在内的农村产业发展合理用地需求。支持拓展集体建设用地使用途径、盘活农村存量建设用地发展预制菜加工。在符合国土空间规划前提下，鼓励对依法登记的宅基地等农村建设用地进行复合利用，发展预制菜初加工

续表

发布时间	发布部门	文件名称	重点内容
2021年8月4日	农业农村部	《农业农村部关于加快农业全产业链培育发展的指导意见》	创新发展农商直供、预制菜肴、餐饮外卖、冷链配送、自营门店、商超专柜、团餐服务、在线销售、场景销售等业态，开发推广"原料基地+中央厨房+物流配送""中央厨房+餐饮门店"等模式
2022年5月13日	中国银保监会	《关于银行业保险业支持城市建设和治理的指导意见》	鼓励银行保险机构为农产品仓储、冷链物流及质量保障提升等提供金融服务，助力完善农产品和食品安全保障体系，支持绿色食品企业、中华老字号、优质创新品牌等食品加工和餐饮服务企业发展，更好满足城市居民健康饮食需求
2022年6月30日	工信部	《工业和信息化部办公厅关于开展2022"三品"全国行活动的通知》	支持举办国际厨卫家居博览会、中国食品博览会、预制菜行业峰会、健身美食节等食品促销活动
2022年9月30日	农业农村部等8部门	《关于扩大当前农业农村基础设施建设投资的工作方案》	在广东、福建等沿海省份和湖南、江西等内陆水产养殖大省，建设一批水产品就地加工及冷链物流设施设备，支持淡水鱼、小龙虾等重点品种加工、预制菜生产、海洋食品及功能产品生产
2023年2月13日	中共中央、国务院	《中共中央 国务院关于做好2023年全面推进乡村振兴重点工作的意见》	提升净菜、中央厨房等产业标准化和规范化水平。培育发展预制菜产业
2023年7月28日	国家发展改革委	《关于恢复和扩大消费的措施》	培育"种养殖基地+中央厨房+冷链物流+餐饮门店"模式，挖掘预制菜市场潜力，加快推进预制菜基地建设，充分体现安全、营养、健康的原则，提升餐饮质量和配送标准化水平

（二）地方政策出台抢占预制菜产业发展先机

预制菜产业已不仅单纯作为一个新兴行业而存在，更是成为推动乡村产业高质量发展的重要手段和方式。预制菜产业链条长，在促进农产品深加工、食品制造转型、消费升级、创业就业等方面均具有积极意义，近年来各地政府部门陆续出台政策（表2-2），对本地预制菜产业发展进行引导、鼓励和规范，力图推动当地预制菜行业提速发展。

广东、山东、河南、广西、四川、重庆和贵州7个省区市明确将发展预制菜产业写入政府工作报告，助力预制菜发展，进一步提升预制菜品牌影响力。

2022年以来，广东、山东、四川、重庆、福建、浙江、江西、上海、辽宁等多个省市相继出台预制菜相关产业的政策指导文件，内容主要围绕冷链建设、企业培养、税收优惠、人才培养、消费补贴、品牌打造、产业园建设和管理等方面。

具体来看，对于广东、山东和河南三大预制菜产业发展大省而言，预制菜产业发展已进入高技术、高质量发展阶段，以产业融合、打造产业高地和做大做强预制菜企业为目标。

对于广西、四川、重庆和贵州将预制菜作为未来5年拟发展产业的省区市而言，其出台的引导预制菜产业发展政策尚处于起步阶段，以打造当地特色预制菜产业为主要发展目标。

表2-2 2022年6月至2023年4月期间各地预制菜产业相关重要文件

发布时间	发布部门	文件名称	重点内容
2022年6月	黑龙江省人民政府	《关于印发黑龙江省产业振兴行动计划（2022—2026年）的通知》	加速发展冷鲜肉、冷水鱼、预制生鲜调理品、预制菜、森林食品加工等产业，促进食品产业向时尚化、小众化、休闲化延伸，在食品细胞工厂、分子食品创制技术、食品智能制造、智慧厨房、精准营养、质量安全、包装物流等领域重点突破，实现一产业"接二连三"全链条整体升级
2022年7月	江苏省人民政府办公厅	《关于印发江苏省冷链物流发展规划（2022—2030年）的通知》	适应连锁餐饮、快餐、预制菜等标准化、流程化经营要求，发展速冻类标准食材、脱水蔬菜、食材半成品供应链，推广"原料基地供应+中央厨房加工+冷链配送"等模式，打造产销对接、安全畅通、品质可靠的速冻食品冷链物流体系
2022年9月	河南省人民政府办公厅	《关于印发河南省绿色食品集群培育行动计划的通知》	实施预制菜升级行动。推动原料品质数据化、预制菜标准化、生产智能化、预制菜营养健康化，支持餐饮企业、中央厨房与科研院所加强技术协作，打造一体化预制菜加工科技创新和成果转化平台
2022年10月	河南省人民政府办公厅	《河南省加快预制菜产业发展行动方案（2022—2025年）》	要做强做优做大预制菜重点产品、重点企业、重点园区，建设全国重要的预制菜生产基地，加快食品工业转型升级和换道领跑
2022年10月	福建省商务厅等9部门	《加快推进预制菜产业高质量发展的措施》	共有措施21条，提出到2025年，全省将建设30个现代农业产业园、20个优势特色产业集群，推动福建预制菜成为富民强省的特色产业，打造全国预制菜产业发展高地
2022年11月	中共云南省委农村工作领导小组办公室等5部门	《云南省预制菜产业发展实施意见》	到2025年，建成一个云南预制菜创新平台，建设十大预制菜示范园区，培育百户预制菜龙头企业，推出千款预制菜特色产品，实现业态创新发展
2023年1月	四川省经济和信息化厅等5部门	《支持预制菜产业高质量发展的若干措施》	出台10条举措支持预制菜产业高质量发展，推动川菜进一步向规模化、标准化、产业化转型升级，助推乡村振兴。此次出台的政策将拿出真金白银开展扶持，最高奖补300万元
2023年1月	广东省人民政府办公厅	《广东省人民政府工作报告》	深化农产品"12221"市场体系建设，培育壮大休闲旅游、数字农业、预制菜、农业微生物产业等新业态，促进农村一二三产业融合发展
2023年1月	山东省人民政府办公厅	《山东省人民政府工作报告》	启动预制菜"十百千"培育行动，打造一批预制菜产业高地

续表

发布时间	发布部门	文件名称	重点内容
2023年1月	河南省人民政府办公厅	《河南省人民政府工作报告》	积极发展冷链食品、休闲食品和特色功能食品，大力发展预制菜。支持牧原、双汇等一批龙头企业做大做强，建设万亿级现代食品产业
2023年1月	广西壮族自治区人民政府办公厅	《广西壮族自治区人民政府工作报告》	继续整县推进农产品产地冷藏保鲜设施建设，大力发展农产品加工和"桂味"预制菜产业
2023年1月	四川省人民政府办公厅	《四川省人民政府工作报告》	支持发展预制菜产业
2023年1月	重庆市人民政府办公厅	《重庆市人民政府工作报告》	重点打造火锅食材、重庆小面、柑橘、榨菜、荣昌猪、丰都肉牛、预制菜等产业集群
2023年1月	贵州省人民政府办公厅	《贵州省人民政府工作报告》	开展"黔酒黔菜美食季"等主题活动，引进预制菜龙头企业10家以上，拉动餐饮消费
2023年2月	中国共产党广东省第十三届委员会第二次全体会议通过	《中共广东省委关于实施"百县千镇万村高质量发展工程"促进城乡区域协调发展的决定》	发展预制菜等农产品精深加工

（三）团体标准、地方标准成主流，生产准入条件逐步设立

完善的标准体系有利于推动行业规范发展。据公开资料显示，关于预制菜的标准，早期主要以企业标准为主。自2022年6月以来，团体标准与地方标准密集出台，标准体系越发完善，预制菜领域出现多项"首个"标准。2022年6月，山东省潍坊市食品协会推出全国首个指导预制菜产业园区建设的团体标准；2022年11月，佛山顺德推出全国首个"预制盆菜"制作团体标准等。总体来看，在预制菜进入政府视野后，政府部门对其发展监管有了进一步规范，评价内容由过去的关于预制菜生产设计，逐步转向更为专业的术语标准、生产过程管理以及质量评价标准，且标准范围由预制菜本身逐渐延伸至预制菜供应链、预制菜产业园建设等方面，部分标准则针对特定菜品，如佛跳墙、土豆牛肉等。

除了从标准上把控生产条件与产品质量，部分地区已设立预制菜生产企业准入门槛，从源头把好质量关。上海在2023年1月颁布的《上海市预制菜生产许可审查方案》，成为全国首个真正意义上的预制菜领域生产许可审查规范性文件。浙江相关部门于2023年5月同样印发当地预制菜生产许可审查方案，新疆、辽宁在该方面的政策均进入征求意见阶段。沪苏浙皖三省一市的市场监管部门在全国率先制定了一体化的预制菜生产许可审查指引，联合发布《关于印发〈长三角预制菜生产许可审查指引〉的通知》，推动长三角地区统一预制菜生产操作规范。

该类审查方案均明确了预制菜的定义、产品类别、生产条件等，对冷藏即食菜肴、冷藏即食蔬果类、其他非即食冷藏预制菜类产品，明确了技术审查要点。对冷藏即食菜肴，在包装间环境温度、操作时间等方面进行了明确规定。预制菜生产许可审查方案的出台标志着政府对当地预制菜生产许可审查工作的规范，意味着预制菜产业未来将向产业标准化、规范化发展。2022年6月至2023年3月期间出台的团体标准、地方标准见表2-3。

表2-3 2022年6月至2023年3月期间出台的预制菜产业相关团体标准、地方标准

标准编号	标准名称	公布日期	颁布单位
T/FAIF 008—2023 T/FAIF 007—2023 T/FAIF 004—2023 T/FAIF 003—2023 T/FAIF 002—2023 T/FAIF 001—2023	《预制菜质量评价规范》 《预制菜水产品原料安全卫生要求》 《预制菜肴 淡水鱼类生制品》 《预制菜肴 畜肉生制品》 《预制菜冷链物流管理规范》 《预制菜常温配送管理规范》	2023年2月14日	佛山市农业产业联合会
T/STBZ 13—2022	《非即食牛蛙预制菜加工技术规范》	2022年12月29日	汕头市标准化协会
T/HNSPGYXH 010-2022 T/HNSPGYXH 009-2022 T/HNSPGYXH 008-2022 T/HNSPGYXH 007-2022	《酱卤肉预制菜生产过程质量规范》 《特殊禽类预制菜生产管理规范》 《羊肉及其制品预制菜生产管理规范》 《畜禽副产品预制菜》	2022年12月15日	河南省食品工业协会
T/CASME 168—2022	《预制菜 芝士卷》	2022年12月13日	中国中小商业企业协会
T/JCIA 0026—2022	《长三角预制菜点质量及服务评价规范》	2022年11月30日	江苏省餐饮行业协会
T/QGCML 478—2022	《预制菜专用储存和售卖设备》	2022年11月24日	全国城市工业品贸易中心联合会
T/QGCML 431—2022	《预制菜包装和检验技术规范》	2022年10月25日	全国城市工业品贸易中心联合会
T/LYFIA 046—2022 T/LYFIA 040—2022 T/LYFIA 039—2022	《预制菜天麻鸡汤（清汤）加工技术规程》 《预制菜 红烧肉加工技术规范》 《预制菜 小酥肉加工技术规范》	2022年11月11日	临沂市食品工业协会
T/GDID 1059—2022 T/GDID 1058—2022 T/GDID 1057—2022 T/GDID 1056—2022 T/GDID 1055—2022	《预制菜肴 复合汤肴（广式佛跳墙）》 《预制菜肴 广式烧鹅（鸭）》 《广式金汤鲍鱼花胶鸡》 《复合汤肴（猪脚姜）》 《预制菜冷链配送规范》	2022年11月9日	广东省企业创新发展协会
T/CHA 023—2022 T/CHA 024—2022	《预制菜分质分级及评价》 《预制菜生产质量管理技术规范》	2022年6月28日	中国饭店协会
T/GDNB 99.1—2022 T/GDNB 99.2—2022	《预制菜标准体系构建总则》 《预制菜术语、定义和分类》	2022年6月10日	广东省农业标准化协会

续表

标准编号	标准名称	公布日期	颁布单位
T/CCA 024—2022	《预制菜》	2022年6月8日	中国烹饪协会
T/SDJKR 007—2022	《预制菜成品 炭烤肉》	2022年6月30日	山东省健康肉产业联合会
DB4501/T 1—2022 DB4501/T 2—2022 DB4501/T 3—2022	《预制菜术语》 《预制菜分类标准》 《预制菜冷链配送操作规范》	2022年5月31日	南宁市市场监督管理局
T/GDIFST 006.1—2022 T/GDIFST 006.2—2022	《预制菜术语及分类方法》 《预制菜质量安全通用要求》	2022年7月22日	广东省食品学会
T/AHFIA 080—2023 T/AHFIA 081—2023 T/AHFIA 082—2023 T/AHFIA 083—2023 T/AHFIA 084—2023	《预制菜 徽州臭鳜鱼》 《预制菜 徽州刀板香》 《预制菜 徽州毛豆腐》 《预制菜 徽州葛粉圆子》 《预制菜 徽州干锅炖》	2023年3月1日	安徽省食品行业协会
T-SCSSX 1.0—2022 T-SCSSX 2.0—2022 T-SCSSX 3.0—2022 T-SCSSX 4.0—2022 T-SCSSX 5.0—2022	《预制川菜术语和分类》 《预制川菜标准与规范编制指南》 《预制川菜生产通用技术规范》 《预制川菜分级评价技术规范》 《预制川菜质量安全追溯规范要求》	2023年2月16日	四川省食品饮料产业协会
DB50/T 1341—2022 DB50/T 1342—2022 DB50/T 1343—2022	《预制菜产业园区建设指南》 《餐饮服务食品安全管理人员工作规范》 《预制菜生产加工行为规范》 《预制菜生产经营安全监管标准体系》	2023年2月28日	重庆市市场监督管理局

（四）中国各地海关加强对预制菜出口指导

自2022年6月开始，广东省、河南省和山东省先后陆续发布与预制菜出口关联的政策，推动当地预制菜出口板块的发展，广东省和河南省则均在相关政策中提出要求当地海关分署主动向有出口预制菜的企业提供"一门"出口指导服务。例如，2022年10月12日，广东省为助力广东省对企业预制菜出口指导工作的顺畅进行，该政策从出口食品原料种植、养殖场备案、出口食品生产企业备案、属地查检、海关应对国外通报的措施等四大方面出台《关于印发预制菜等农产品食品出口属地查检工作指引的通知》。

自2023年区域全面经济伙伴关系协定（RCEP）生效以来，15个缔约方之间削减了部分产品进出口关税及非关税壁垒，预制菜所属的产品也被涵盖在内；近期，已有多个海关指导预制菜企业将预制菜出口至RCEP缔约国。截至2022年中国各地区发布的预制菜出口相关文件见表2-4。

表2-4 截至2022年中国各地区发布的预制菜出口相关文件汇总

地区	发布日期	文件名称	出口相关内容
广东	2022年10月12日	《关于印发预制菜等农产品食品出口属地查检工作指引的通知》	为加快推进广东省预制菜产业出口，广东省农业农村厅、中国海关总署广东分署出台该政策，指导广东各地企业建立完善生产管理制度，指导预制菜企业出口通关；并要求广东各单位在推动预制菜中遇到的好的经验做法及时报送省农业农村厅和海关总署广东分署
广东	2022年9月23日	《广东省推进冷链物流高质量发展"十四五"实施方案》	在粤西南菜北运核心区、特色经济作物主产区、果蔬进出口示范基地建设一批仓储保鲜设施
河南	2022年10月26日	《河南省人民政府办公厅关于印发河南省加快预制菜产业发展行动方案（2022—2025年）的通知》	加强预制菜出口通关指导和服务，大力培育预制菜出口企业，鼓励企业在境外建立加工基地，开拓预制菜国际市场
河南	2022年6月14日	《南阳市人民政府办公室关于加快预制菜产业高质量发展的实施意见》	支持预制菜产业园区进出口平台建设
全国	2022年2月11日	《商务部等6部门关于高质量实施〈区域全面经济伙伴关系协定〉（RCEP）的指导意见》	鼓励企业用好成员国降税承诺，结合各成员国降税承诺和产业特点，推动农产品等11个优势产业出口

2023年，中央政策端继续为预制菜产业发展注入"强心剂"。各地也将迎来预制菜"政策潮""标准潮"，持续加码支持预制菜产业发展。

五、重点区域产业发展情况

现阶段，我国预制菜产业发展主要依托于具有生态资源优势的沿海地区与传统农业强省，其中广东、福建、浙江、山东、河南、四川、重庆等是具有预制菜规模化产业园区的代表省市。

（一）广东：率先布局，市场规模增速远超全国平均水平

数据显示，2022年，广东预制菜市场规模达到545亿元，增速为31.3%，远超2022年全国预制菜市场规模21.3%的增速。广东已经成为全国预制菜发展的核心区之一，集聚预制菜相关企业超过6000家。胡润研究院2022年3月发布的首个《中国预制菜百强企业榜单》显示，预制菜百强企业中总部位于广东的最多，达到20家，国联水产、温氏、何氏水产等龙头企业上榜。

近年来，广东省全链条布局预制菜，组织化、系统化推广预制菜产业。2022年3月，

广东出台国内首个省级预制菜产业政策《关于加快推进广东预制菜产业高质量发展十条措施》。措施涵盖壮大预制菜产业集群、培育预制菜示范企业、建设预制菜联合研发平台、推动预制菜仓储冷链物流建设、拓宽预制菜品牌营销渠道、加大财政金融保险支持力度和建设广东预制菜文化科普高地等方面，为推动广东预制菜产业高质量发展提供政策支撑。

2022年6月，广东省公布53个省级现代农业产业园建设名单，规划建设11个预制菜产业园。

以佛山顺德为例，目前，顺德预制菜产业链上企业180家，代表企业52家，从业人员8000多名，产业链涵盖种植养殖、加工、物流、设备制造、品牌宣传与营销、联合研发平台等行业企业。2022年11月，佛山市顺德区预制菜产业园建设启动，规划涵盖产业园核心区、农产品食材供应园区、预制菜产品加工园区、产供销综合示范园区、电商展销交易中心园区、科技研发园区、人才培养园区，力争实现"一园多区"全链条联动发展。

此外，广东预制菜还积极布局海外市场。2022年广东省出口预制菜83.4万吨，出口额310.4亿元，稳步增长。今年3月，广东探索成立了广东预制菜出海产业联盟，未来将通过组织预制菜出口原材料集中采购、举办预制菜出口对接会培训会、组织预制菜企业外出参展、建立预制菜出口预检测中心、加大预制菜海外宣传力度等方式，推动更多本地预制菜企业开拓海外市场，畅通预制菜出口之路，引领国际预制菜产业的发展潮流。

（二）山东：规模效应初步显现，多级联动抢占产业新高地

截至2023年，山东全省约有近9000家预制菜相关企业，占全国的13%，数量居全国首位。这些企业分布在潍坊、烟台、淄博、济南、德州、临沂等地。其中，规模以上预制菜加工企业1136家，包括得利斯、惠发、龙大、春雪等预制菜头部企业。此外，低温肉制品、水产加工品、速冻调理品等市场占有率居全国同行业首位。

2022年11月，山东省人民政府办公厅印发《关于推进全省预制菜产业高质量发展的意见》（后简称《意见》），鼓励利用"政产学研"模式，培养预制菜产业人才，提高预制菜技术，并明确财政向预制菜产业重点县倾斜。《意见》多次提及建设特色优势食品产业集群，并提出构建具有山东特色的全产业链预制菜标准体系，促进山东预制菜产业高质量发展。《意见》还提出，推动产业集聚发展。优化产业布局，引导各地打造预制菜产业园区，鼓励预制菜企业和上下游配套企业集中入园发展。到2025年，全省建设具有山东特色的预制菜产业园30个。

围绕预制菜，山东多个地市纷纷制订行动计划和产业政策。2022年4月，潍坊市出台《潍坊市预制菜产业高质量发展三年行动计划（2022—2024年）》和《潍坊市支持预制菜产业高质量发展九条政策措施》；2022年6月，德州市印发《关于加快推进预制菜产业发展的若干措施》；2022年6月，淄博市出台《淄博市预制食品产业发展规划》。

"建强全产业链"成为山东近年来发展预制菜的关键词。2022年2月,山东预制菜产业联盟在潍坊诸城成立,联盟成员包含预制菜产业种植养殖端、生产加工端、冷链物流商贸端、餐饮消费销售端等产业链各环节的企业,形成了从种养加工到餐饮终端的全产业链产业模式。2023年3月14日,山东预制菜产业联合会在济南成立,相关企业集群式发展拉开帷幕。

当前,山东的预制菜产业集群已初现雏形。潍坊、烟台、淄博、济南、威海、临沂、德州等地的预制菜产业呈竞相迸发的态势。

(三)重庆:抢抓新机遇,打造"西部预制菜之都"

2023年1月份,赛迪顾问消费经济研究中心公布了"2023十大预制菜产业基地",重庆梁平位居名单首位,是西部地区唯一入选的城市。

政策措施和标准规范方面,2022年5月,《成渝地区双城经济圈特色消费品产业高质量协同发展实施方案》明确指出"支持梁平等区县建设西部地区重要的预制菜生产基地"。2022年11月,《重庆市消费品工业高质量发展"十四五"规划》明确提出"支持梁平区打造西部预制菜之都(重要的休闲食品基地)"。2023年2月28日,重庆市市场监督管理局发布预制菜产业相关地方标准和文件,分别是《预制菜产业园区建设指南》《预制菜生产加工行为规范》两项地方标准和《预制菜生产经营安全监管标准体系》工作指导性文件。梁平区当地也先后制定出台产业发展规划和激励措施,如2022年5月出台《关于推动梁平区预制菜产业高质量发展的实施意见》,明确了以川菜为主攻方向,重点发展川菜、火锅等为特色的预制菜;围绕完善产业链、畅通供应链、提升价值链,构建预制菜产业生态,建设预制菜产业园区,接续优化营商环境,打造中国西部预制菜投资"首选地"、产业布局"新IP"、工旅融合"新坐标",培育后发优势,做强硬实力和做优软实力,推动预制菜产业高质量发展。

产业园区建设方面,梁平区围绕完善产业链、畅通供应链、提升价值链、构建创新链,打造"三区(综合服务区、示范引领区、产业集聚区)两中心(预制菜品牌中心、陆海新通道预制菜集散中心)九平台(运营平台、陆海新通道预制菜集散平台、综合服务平台、配套服务平台、食材集散平台、产业研究院、产业学院、中华美食文化园、英才之家)"预制菜产业生态。

招商引资方面,梁平区接续优化营商环境,降低企业要素成本,设立10亿元预制菜产业基金,专注、专业打造中国西部预制菜投资"首选地"、产业布局"新IP"、工旅融合"新坐标"。先后引进海老汉、谷状元等预制菜产业相关项目50个,协议引资100亿元。

品牌打造方面,当地精心谋划全国性、区域性推介活动。于2022年6月举办了2022年中国预制菜产业峰会;2023年(兔年)春节期间举办"中国年·梁平味"年货节、"梁娃闹新春·预制向'味'来"等系列大型活动,发布中国西部预制菜之都推荐官"梁娃"IP形象,叫响陆海优品"中华老字号"品牌，组团参加广东东莞首届国际预制菜博览会，引起社会各界的热烈反响。

开放合作方面，当地还加大推进集群的产业链、供应链、价值链、创新链的国际化合作机制，推动预制菜产业进入双循环，融入新格局。例如，抢抓陆海新通道建设重大机遇，拓展"一带一路"沿线国家市场；与陆海新通道重庆运营公司合作，建设西部陆海新通道预制菜集散中心；组织企业抱团参加国际性和全国性展会营销活动，深度融入西部陆海新通道国家战略，推动预制菜产品走出国门、走向世界。

中国优质农产品开发服务协会基于各地预制菜产业发展情况，评选出了全国十大预制菜创新发展地区优秀案例：重庆市梁平区、广东省佛山顺德区、山东省莱阳市、河南省新乡市原阳县、山东省寿光市、广东省东莞市、广东省肇庆市高要区、河北省保定市高碑店市、江西省赣州市、四川省遂宁市等10个地区上榜。

六、相关企业概况

（一）预制菜企业注册数量

在政策红利和市场需求的双重驱动下，近年来我国预制菜市场扩容趋势明显，预制菜相关企业数量快速攀升。

数据显示，截至2024年1月，我国现存预制菜相关企业6.4万余家。近10年来，我国预制菜相关企业注册量整体呈上升趋势，其中，2018年注册量超过1万家，2019年新增1.28万家，2020年新增1.29万家，2021年新增4212家，2022年新增3470家。2023年我国预制菜相关企业新增注册量4026家，同比增长114.83%；同时，年内注销吊销的预制菜相关企业多达3102家，同比增长11.14%。

（二）企业地域分布

从企业分布的情况来看，目前我国预制菜企业主要集中分布在山东、广东、江苏等具有生态资源优势的东部沿海地区以及河南、安徽等传统农业大省。

山东是农业大省，也是农产品加工大省，具有发展预制菜的基础和条件，预制菜产业发展起步较早，原料供应有保障，农产品加工企业多，配送能力强大。截至2023年山东有预制菜相关企业近9000家，数量位居全国第一。其次是河南和江苏。

七、行业优势与风险挑战

（一）行业优势与发展机遇

近年来，在政策加持、餐饮结构变革、居民消费习惯变化、产业链企业入局、资本助力等有利因素的推动下，预制菜行业得以快速发展。

1. 餐饮连锁化及外卖发展推动预制菜行业走向成熟

中国餐饮市场规模庞大，行业原材料成本居高不下，餐饮业降本增效需求强烈。预制菜在标准化、集约化的生产加工模式下，能够提升出餐效率，减少后厨面积和所需工作人员，大幅降低餐厅运营成本。《2022年中国连锁餐饮行业报告》数据显示，餐饮企业使用预制菜后，整体成本占比可下降8%。

当前，越来越多的餐饮企业通过布局中央厨房或与预制菜生产企业合作的方式引入预制菜。其中，头部连锁餐饮企业的预制菜使用率较高。数据显示，真功夫、吉野家、西贝等连锁餐饮企业预制菜占比达80%以上。伴随我国餐饮行业连锁化率不断提升，追求标准化、规模化、工业化的B端连锁餐企将不断扩大对预制菜产品的应用范围，从而推动整个预制菜供应链走向成熟。

除传统餐企需求外，外卖平台的快速发展也进一步推动餐品预制化。外卖的爆发式增长对餐饮商家的出餐速度和出餐数量提出了更高要求，许多商家，尤其是中小餐饮商家倾向以料理包加热的方式来代替现做现卖。有第三方机构估计2022年全国有70%的外卖商家使用料理包。

2. 居民消费需求激增，加速预制菜发展

2020—2022年，内食场景的增加间接拉动了餐饮外卖及居家做饭的需求，居民对预制菜的需求也同步激增。与此同时，城镇化的发展和"一人户"家庭规模的扩大，"懒人效应"和"宅家文化"逐渐盛行，也使"一人食""烹饪小白"群体增多，对日常膳食更简单、更便捷的需求，使预制菜消费迎来新浪潮。

一项调研显示，方便省时（77.89%）是消费者购买预制菜的首要原因，其次是菜品可选种类多（50.83%）。

3. 技术应用创新，助力预制菜品质升级

消费者对预制菜品质的高要求，催生了预制菜行业对新技术的巨大需求，随着预制菜品研发水平和冷链物流技术的不断进步，预制菜的口感、色泽、质量、营养价值等实现升级，已经接近餐厅水平，且品类越来越丰富。

在预制菜品生产加工过程中，除了运用传统的预制菜加工技术，还逐渐使用先进的食品生产加工技术，如真空慢煮、冷却排酸、冻干技术等，可提升产品的色泽、口味、香气，最大程度保留产品的营养价值，保证食品的安全、营养与卫生。

如对禽肉、畜肉类采用真空慢煮烹饪、冷却排酸工艺等技术，可最大限度保留其嫩滑口感和营养，有利于人体的吸收和消化；对自热火锅使用锁鲜工艺FD宇航冻干技术，并在-68℃下低温干燥食材，遇水可以还原95%以上的口感，营养成分也能完整地保留；包子等面食采用益生菌技术与传统发酵结合，使面粉发酵更充分，可提升营养价值，促进营养吸收。

冷链运输需求贯穿预制菜的运输流程，可大幅度减少预制菜运输损耗，是预制菜发展的基础。近年来，我国冷链物流行业发展迅速，冷链物流技术和设备逐步完善，冷链运输与冷鲜存储能力的进一步增长，保证了餐饮食材在运输、仓储环节的品质和新鲜程度，满足了消费者对口感和用餐体验的高品质要求，稳固了预制菜供应配送方面的基础，也助力预制菜市场规模实现迅速扩张。

4. 投、融资市场活跃，加速预制菜行业布局

随着预制菜走红，在市场和资本的双轮驱动下，大量资本争相涌入预制菜赛道，投、融资活跃，推动行业不断升温。2020年以来，预制菜赛道融资的项目数量较之前有明显增长。CVSource（ChinaVenture投中集团旗下专业的金融数据产品）数据显示，2018年到2022年，预制菜市场共发生119起投融资事件，涉及59个项目，已披露投融资金额合计93.9亿元。其中不乏厚生、红杉、高瓴、IDG资本等头部机构，且覆盖上下游各类预制菜企业。

5. 消费渠道不断丰富，助推预制菜引爆市场

近年来，我国消费渠道不断丰富，除传统餐饮店、农贸市场外，现代商超、生鲜电商、社区拼团、短视频直播平台等新兴零售渠道也逐渐兴起。各类新兴零售渠道持续高速发展，助推预制菜触达消费者的日常饮食。

目前B端仍是预制菜的主要销售渠道，2021年预制菜在餐厅采购端的渗透率为12%左右，据此，中信证券预计2031年中国预制菜在餐厅采购端的渗透率有望达到20%，且渗透率的提升将驱动B端预制菜未来十年维持10%以上的复合增速。

就C端预制菜而言，目前中国生鲜产品的规模已经达到4万亿，预计未来会超过5万亿，但C端预制菜目前仅400亿左右的规模，占生鲜零售比例不足1%，市场规模较小，这也预示C端预制菜还有很大发展空间。中信证券预测，未来十年C端预制菜市场可能会达到20%以上的增速，做到2000亿的市场规模。

（二）行业问题与风险

预制菜行业在快速发展的同时，也面临市场标准和法律法规不健全、食品安全和质量问题长期存在、行业集中度不高、产业链融合不足、消费者认可程度偏低等问题与挑战。

1. 国家层面统一市场标准缺位，制约行业高质量发展

目前预制菜行业生产只有企业标准或者团体标准，缺少统一的产品生产、食品安全和质量管理等标准规范，相关企业生产条件参差不齐、生产工艺良莠不齐、产品质量存在较大差异，且难以实现原材料追溯和标准化生产配送。因此，行业监管难度大，侵害消费者权益事件时有发生，进而制约了整个预制菜行业的健康发展。

2. 产品质量问题依然存在，食品安全备受关注

目前国内的预制菜生产商以中小企业及个体工商户居多，并且多数停留在作坊式的生产

加工模式，产品结构相对单一，标准化程度较低，普遍存在食品安全问题和产品质量风险。

多项调查报告数据显示，有大约一半的预制菜消费者，消费满意度并不高。消费者最关心的是食品安全，其次是菜品种类、口味、性价比、营养搭配等因素。

如江苏省消费者权益保护委员会2022年2月发布的《预制菜消费调查报告》显示，近三成（29.03%）消费者关心预制菜食品安全问题，包括食材新鲜程度、制作流程是否干净卫生等，占比远超预制菜价格（19.48%）、购买后的制作成本与难度（19.19%）以及菜品品种是否齐全（16.37%）等其他因素。

3. 行业领军企业尚未形成，难以覆盖全国市场

作为近年来飞速发展的新兴产业，国内预制菜行业的发展呈现出市场规模大、行业集中度低、竞争激烈的"大行业、小公司"的分散格局，市场仍旧处在蓝海竞争，尚未出现全国性的领军企业。在此背景下，不少预制菜企业标准化程度较低，生产、加工、配送等环节都存在一定隐患，食品安全和品质无法保证，且存在较高的同质化竞争、搞价格战等风险。

此外，由于预制菜产品依赖冷链运输，物流成本和产品新鲜度要求等因素限制了企业产品配送半径，仅能覆盖一定的区间，市场地域性特点十分明显，而且较大型企业多数集中在广东、福建、山东、北京、浙江、湖南、四川等地区，菜系也多以湘菜、粤菜、鲁菜、川菜等品种居多，产品较为单一，难以覆盖全国市场，也难以满足我国各地域居民不同的饮食习惯和口味，从而限制了预制菜企业的进一步发展。

4. 消费群体的认可度和接受度不高，消费习惯有待培育

相较于预制菜在B端的逐渐成熟，C端市场尚需进行预制菜消费习惯培育。《2022中国预制菜行业蓝皮书》数据显示，当前我国预制菜市场B端和C端的市场规模比例为8∶2，C端市场消费习惯培育有望不断扩容，预制菜行业市场容量广阔。随着预制菜打开C端大门，如何满足消费者需求，赢得消费者口碑和信赖至关重要。

目前，除了食品安全和质量问题，影响消费者对预制菜观感和评价的负面因素还包括：预制菜的口味复原程度低、菜品种类单一、标识信息不详、性价比不高等。

消费者普遍认为，部分预制菜口味满意度较低且不及预期。有调查显示，当被问及菜品口味是否达到预期时，62.32%的消费者表示"预制菜品口味一般"，3.32%的消费者甚至觉得"预制菜口味较差、不好吃"。

部分预制菜标识信息不详也是饱受消费者诟病的问题。调查显示，绝大部分消费者在购买预制菜时都遇到了标示信息不明确的问题，包括未标注菜品名称及主要食材、未标注菜品分量、未标注生产日期或保质期等。

此外，目前市场上的预制菜种类形式单一，同质化严重，难以满足消费者选择需求。《预制菜消费调查报告》称，36.58%的消费者希望可以丰富套餐种类，有27.65%的消费者希望预制菜可以推出更多适宜不同家庭人数的菜品分量，19.13%的消费者则希望预制菜可以

不用套餐形式，多推出一些招牌菜单品。

还有调查显示，没有购买预制菜的消费者的主要顾虑，排在第一位的是认为"预制菜价格较贵，性价比较低"，该类原因占比23.39%。可见，消费者对于预制菜的价格仍较为敏感，接受度不高。

> **思考题**
>
> 1. 请结合国内预制菜和国外预制菜发展的现状，谈谈你对预制菜行业的建议。
> 2. 请结合我国预制菜发展的现状谈谈我国预制菜发展面临的困境、行业问题和风险。
> 3. 请结合我国预制菜发展的现状谈谈如何高质量开发预制菜。

第三章 CHAPTER
03 预制菜加工技术

本章导学

预制菜生产加工背后是一系列的独特技术，包括食材选择与采购、制作工艺与技术、配方开发与调味、保鲜技术与质量控制等。通过专业的设备、工艺和团队，以及严格的质量把控，预制菜企业能够生产出高品质、口感美味的产品，消费者可以更深入了解预制菜的生产过程，对其品质和安全性更有信心。

学习目标

1. 掌握预制菜加工概况。
2. 具备预制菜开发的能力。
3. 熟悉预制菜加工车间净化设计依据。
4. 了解预制菜加工技术方法，包括预调理技术、烹调与熟化技术、杀菌技术、快速冷却与冷冻技术、活性与智能包装技术、流通环节的新技术。

第一节 预制菜加工单元操作

一、预制菜加工概况

预制菜要求客户购买后可以直接制作饭菜,不需要再进行消毒。因此预制菜最重要的就是要保持干净卫生,客户可以放心食用。在预制菜加工车间要有一套严格的卫生标准,员工在预制菜加工时要遵守流程标准。员工穿着要整洁,进入车间之前要进行消毒,防止将细菌带入车间。每天下班之前,都要对机器进行清洗,保证机器卫生。

二、预制菜加工车间净化设计依据

1. GB 50073《洁净厂房设计规范》

该规范共9章和3个附录,主要内容包括:总则、术语、空气洁净度等级、总体设计、建筑、空气净化、给水排水、工业管道、电气等。

2. GB 50591《洁净室施工及验收规范》

该规范共分17章和8个附录。主要内容包括:总则、术语、建筑结构、建筑装饰、通风系统、气体系统、水系统、化学物料供应系统、配电系统、自动控制系统、设备安装、消防系统、屏蔽设施、防静电设施、施工组织与管理、工程检验和验收等。

3. GB 50687《食品工业洁净用房建筑技术规范》

该规范共分11章和2个附录,主要内容包括:总则,术语,工厂平面布置,洁净用房分级和环境参数,工艺设计,建筑,通风与净化空调,给水排水,电气,洁净用房的污染控制要求,检测、验证与验收等。

4. GB 50243《通风与空调工程施工质量验收规范》

该规范共分12章和5个附录,主要内容包括:总则、术语、基本规定、风管与配件、风管部件、风管系统安装、风机与空气处理设备安装、空调用冷(热)源与辅助设备安装、空调水系统管道与设备安装、防腐与绝热、系统调试、竣工验收等。

5. GB 50019《工业建筑供暖通风与空气调节设计规范》

该规范共分13章和11个附录,主要内容包括总则、术语、基本规定、室内外设计计算参数、供暖、通风、除尘与有害气体净化、空气调节、冷源与热源、矿井空气调节、监测与控制、消声与隔振、绝热与防腐等。

6. GB 31652《食品安全国家标准 即食鲜切果蔬加工卫生规范》

该标准规定了即食鲜切果蔬生产过程中原料采购、验收、加工、包装、储存和运输等环节的场所、设施与设备、人员的基本要求和管理准则等。该标准适用于即食鲜切果蔬企业的生产。该标准不适用于超市、餐饮、便利店等自制现售鲜切果蔬加工。

7. GB 50457《即食菜肴包装间设计参照医药工业洁净厂房设计标准》

该标准适用于新建、扩建和改建的医药工业洁净厂房设计。生物制品、毒性药品、精神药品、麻醉药品以及放射性药品的生产和质量检验设施除应执行本标准外，尚应符合国家有关的监管规定。

三、加工车间一般要求

根据加工制作需要，食品处理区内可设置库房、加工制作（初加工、切配、热加工、冷却、包装等）、清洗消毒、保洁等功能间。按照清洁程度要求，各功能间应划分成一般操作区、准清洁操作区、清洁操作区。

食品处理区应根据食品加工制作流程进行合理布局，避免交叉污染。

排水应从清洁程度要求高的区域流向清洁程度要求低的区域，并能防止污水逆流。

应根据食品原料、半成品、成品和包装材料的性质分别设置库房或在同一库房内设置不同存放区域。需要冷藏（冻）的食品原料、半成品、成品宜分别设置冷藏（冻）库。根据加工制作需要，宜在相应加工制作间附近设置专用冷藏（冻）库或设施。

应根据不同类型的食品原料（动物性食品原料、植物性食品原料）分别设置加工制作间，进行初加工和切配。同一类型食品原料的初加工间和切配间可合并设置，按照准清洁操作区管理，初加工和切配区域分离。

应设置独立的清洗消毒（保洁）间，清洗消毒与保洁区域分离。宜在初加工间、切配间、热加工间内分别设置清洗消毒（保洁）间。

餐用具保洁间应单独设置在准清洁操作区。

（一）一般操作区

库房内应设置单独区域存放待退货的食品原料、食品添加剂和食品相关产品以及不合格产品，并有明确标识。

初加工间应设置在食品原料入口处或附近区域。

根据加工制作品种，动物性食品初加工间内应分别设置畜禽产品和水产品的加工区域。水产原料需要宰杀、刮鳞、去皮或去除内脏的，应单独设置水产品初加工间。

（二）准清洁操作区

切配间应按所切配的食品种类等划分作业区、布置操作台，各工位之间不应互相干扰并有足够的操作空间。

涉及热加工工艺的应设置独立的热加工间。根据加工制作需要，热加工间、切配间内可设置包装区。

用于食品清洗、切配、包装等操作的一体化自动设备应设置在准清洁区。

（三）清洁操作区

应设置独立的冷却间、包装间，用于热加工易腐食品、直接入口食品的冷却、分切、包装。用封闭式一体化自动设备操作的，可不设置独立的冷却间、包装间。

冷却间、包装间人员入口处应设立二次更衣室。

（四）辅助区域

更衣室应与食品处理区处于同一建筑物内，紧邻加工场所入口处。宜在不同加工制作区分别设置更衣室。

卫生间出入口不应直对食品处理区。

根据检验项目建立检验室，设置微生物检验室的，应与理化检验室分开。

第二节 预制菜加工技术方法

一、预调理技术

预制菜肴的原料在熟化前需要大量预处理步骤，包括果蔬的清洗切分、鱼肉的嫩化腌制、调味料酱汁的复配等。首先，配菜比例的调整优化可以提升菜肴中蔬菜、水产品或中餐特色食材的品质。中餐中常用到风味独特的调味料，通过天然调味料预处理可以调节菜肴的pH和水分活度，确保风味的稳定性。如在即食鸡肉饼中加入天然植物提取成分，可以显著减少其蛋白质和脂质的氧化，替代合成型抗氧化剂保持其色泽稳定。各类肉片的腌制嫩化也是常用的预调理技术，基于"工厂化"的中央厨房设备可将滚揉嫩化与后续炒、烤、炸等步骤结合，在真空条件下提升加热均一性、减少氧气接触，模拟传统烹调技艺，有效改善菜肴的色、香、味、形等。此外，包括光辐照等新型加工技术可以对生鲜原料进行护色等预处理，保持其后续加工的新鲜度。

二、烹调与熟化技术

中式菜肴注重蒸、烧、炒、炖等较复杂的烹饪手法，工业化加工工艺如何复刻传统方法的"锅气"，从而达到餐厅级别的菜肴品质，是研究的关键。

预制菜肴的香气和滋味的保留是其品质提升的重要方面，加工的条件越温和、时间越短，对风味和香气成分的损耗越小。除了传统热加工，微波辅助高温加工和微波辅助巴氏热加工技术，不但可以杀菌，确保食品安全，还能保留多组分菜肴的品质和营养。研究表明：经过微波辅助热加工的红薯泥和土豆泥，其维生素保留明显优于传统高温加工。超高压加工特别适合即食肉类和海鲜，与传统热加工相比其对颜色、质构和感官品质的影响均降到了最低。例如：超高压前后的即食醉虾或小龙虾均显示较小的颜色差别。这些研究均表明：多元物理场辅助热加工是可用于烹饪熟化的新型加工技术，其还可以与预处理技术联用达到更好的效果。相关新型预调理与熟化技术及其装备示意见图3-1。

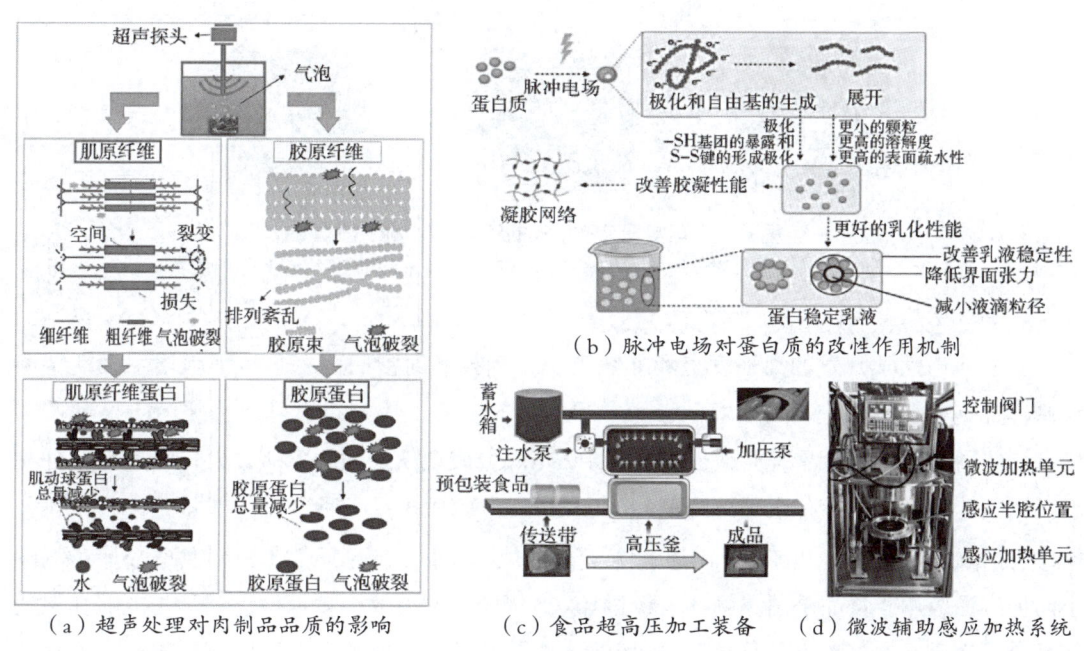

图3-1　可用于预制菜肴的新型预调理与熟化技术及其装备

（注：上图来源于吴晓蒙，饶雷，张洪超，等.《新型食品加工技术提升预制菜肴质量与安全》一文。）

三、杀菌技术

微生物残留会引发预制菜肴的安全问题，尤其是其中致病菌芽孢的杀灭是相关研究的重点。尽管高温能有效杀菌，但也会严重破坏食品品质，因此预制菜肴的杀菌需要达到杀菌效率与保持品质的平衡。为了尽可能降低杀菌过程对食品品质的破坏，超高温瞬时杀菌、射频杀菌等处理时间短、杀菌效率高的热杀菌技术应运而生。

例如：应用27.12MHz射频对预制肉酱千层面处理可以在保持产品品质的同时延长其货架期。此外，一些基于物理场的新型非热杀菌技术也得到广泛研究，如图3-2。其中超高压技术具有良好的杀菌效果，且可以较好维持食品品质，将其与高于60℃的热处理结合能够增强对微生物芽孢的灭活作用。

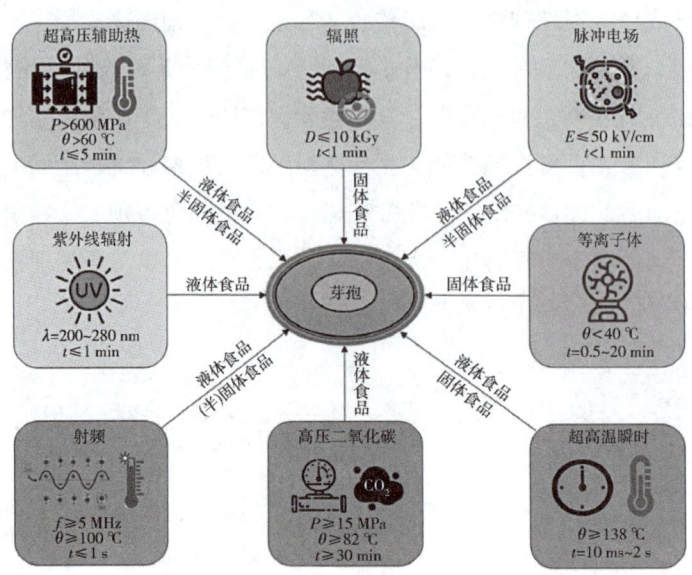

图3-2 可实现芽孢杀灭的新型食品杀菌技术

（注：上图来源于吴晓蒙，饶雷，张洪超，等.《新型食品加工技术提升预制菜肴质量与安全》一文。）

明尼苏达大学开发的高强度电场非热巴氏杀菌技术对沙门菌、单核细胞增生李斯特菌和蜡样芽孢杆菌的芽孢具有明显的杀灭效果。同时，紫外线照射也可通过破坏DNA和产生臭氧的协同作用杀灭食品表面微生物，其中254nm处表现出最强的灭活效果，经过3min处理后，枯草芽孢杆菌的芽孢水平可降低3.6lgCFU/mL。辐照也是一种常见的非热杀菌技术，包括伽马射线、X光射线和电子束，其中伽马射线因具有良好的杀菌能力且对食品品质影响较小而被广泛应用于食品杀菌。例如：经过10kGy辐照处理后的即食辣椒炒鸡丁，能够在保证其品质的基础上在25℃下贮藏1年；预切混合蔬菜经过相同处理后保质期也延长至4d。除了这些技术外，栅栏技术在保障预制菜肴食品安全方面也具有广阔的应用前景。通过组合不同贮藏条件或技术，如pH、气调包装、水分活度和竞争性微生物等，可以用较低的处理强度保障食品的安全性与品质。

四、快速冷却与冷冻技术

在尽可能短的时间将预制食品温度降低，以减少预制菜肴中微生物的活动、减缓生化反应对于预制菜肴的品质和安全性都十分重要。可用于预制菜肴的制冷技术见图3-3。由图3-3可知，在现有常用的鼓风、平板、低温浸泡冷冻系统的基础上，一些创新速冷技术，如利用压力、磁共振、静电、微波、射频和超声波等方法的新工艺，可以精准控制预制菜肴的制冷过程，提高产品质量。通过压力或微波辅助进行冷冻加工，能够使预制菜肴的微观结构改变减小，从而延缓质构劣变。目前这些新型速冷技术已得到商业推广和应用，如

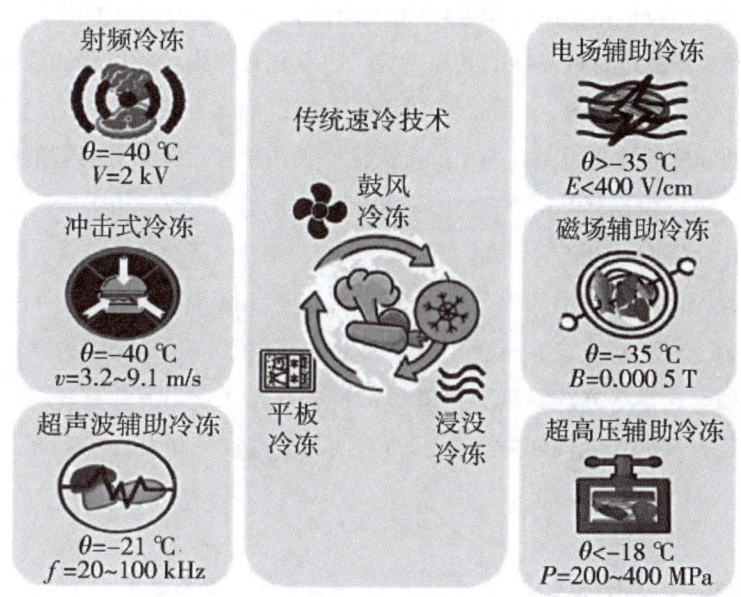

图3-3　可用于预制菜肴的制冷技术

（注：上图来源于吴晓蒙，饶雷，张洪超，等.《新型食品加工技术提升预制菜肴质量与安全》一文。）

利用雾化液氮快速冲击生产的产品，储存2个月后烹饪过程的损失与现制的产品没有显著差异。

美国ABI公司也推出一种使用永磁体和感应线圈在冷冻室内产生振荡磁场的CAS（Cells alive system，细胞存活系统）冻鲜技术，该技术处理后的产品可以保存较长时间，解冻后的质量依然接近新鲜产品。有研究学者比较了常规空气冷冻法和高压辅助冷冻法对茄子显微结构的破坏，发现高压辅助冷冻明显减少了茄子的纹理损伤和滴水损失。超声波也可以辅助食品的速冷，通过降低过冷度，缩短成核前的时间，缩短浸没冷冻土豆和蘑菇等样品的总冷冻时间。这些创新速冷技术通过提高食品的表面传热率，控制冷冻过程中食品中冰晶体的形成方式。将这些技术运用到预制菜的生产加工中，不仅可以实现快速制冷并改善产品质量，更有助于推动预制菜肴行业的发展。

五、活性与智能包装技术

预制菜肴的包装需要适应产品本身，根据不同的原料、加工程度（烹饪、杀菌等条件）、储运条件选择不同类型的包装，从而维持产品品质。例如：针对含有鲜切菜的预制菜肴产品，可以使用加入了氧化钙、膨润土等干燥剂的活性包装吸收蔬菜呼吸作用产生的水分，还可以通过添加乙烯吸附剂、氧气吸附剂等调控包装内气体组成，延缓产品变质，提升产品贮藏期品质。

智能包装技术可以根据预制菜所处环境的变化对温度、湿度、气体微环境等参数作出相应的调整，主动对产品进行针对性的品质调控。过氧化钙作为功能成分加载到淀粉泡沫基材以制备可生物降解的包装材料，在潮湿条件下，功能性泡沫表现出受控的氧释放行为，具有更长的氧释放期和更低的初始释放速率。抗菌活性物质包埋后置入具有智能控释性能的食品抗菌包装膜中，可以根据环境pH的变化释放抗菌物质，对高汤、猪肉等产品具有良好的保鲜防腐能力，有效延长了产品货架期。

此外，随着人们环保意识的提高，对预制菜肴包装的可降解性提出了更高要求。可降解食品包装作为一种相对安全、绿色、无污染的包装材料，在预制菜肴领域有巨大的市场潜能。应用物理、化学等方式对现有可降解材料进行改性，在降低材料对环境负面影响的同时，增强包装材料的功能性和适应性，助力预制菜肴包装朝着环境友好且可持续的方向发展。

六、流通环节的新技术

预制菜肴在冷链运输和储存过程中容易发生品质劣变，温度的剧烈变化还会导致严重的安全问题，保证冷链的有效覆盖率和全程稳定性是对冷链流通预制菜肴品质的强力保障。

冷链物流过程中温度、湿度等环境条件的波动对预制菜肴安全性和质量的影响至关重要，实时监测冷链的微观环境是十分有效的方法。目前，常用于冷链监控的智能技术有新鲜度指示剂、射频识别设备（RFID）、时间-温度指示器（TTI）等，其中TTI系统可以实现对冷链中温度和时间的监测，为消费者提供有关食品保质期的真实信息。此外，结合射频识别技术和无线传感器网络技术可有效监控冷链中食品的各项指标，如温度、湿度及位置等，通过冷链物流中"先进先出"的高效管理方法，取代传统的"先过期先出"的管理方法，保证预制菜肴的食品安全。

基于大数据的智能控制技术是根据生产需要被研发出来的，是一种采用多种控制技术相结合调控食品微环境的智能技术。可利用传感器对产品所处微环境进行实时监测，并将数据进行智能处理和动态调控。目前研发了一种用于食品冷链管理的可持续太阳能无电池传感系统，可以实现绿色、可持续、不间断无线传感，系统的远程监控和管理中心能对环境温度变化作出动态调整以适应产品的保鲜需求。

预制菜肴营养化主要依靠新型食品加工技术与营养健康科学的有机融合，优化生产、加工、包装、物流技术，使菜肴搭配更加科学，食材更加新鲜，营养更加精准。预制菜肴多元化发展需要企业密切关注市场发展，把握时下消费者的口味和偏好，与大数据结合，开发便捷健康的新口味预制菜肴，实现个性化定制。最后，预制菜肴行业可充分利用新型智能加工装备与技术，从而实现高效的自动化、标准化、智能化生产。

当今的预制菜肴是我国饮食传统、食品制造、烹饪方式的重要载体,是中式菜肴工业化的产物。在新型食品加工技术的助力下,可实现预制菜肴的"四个一"的目标,即供应链质量与安全"一链保障",生产线智能化"一线加工",特征风味标准化"一味定型",方便菜肴"一键即食"。把中华传统的"菜篮子"变为更加智慧、营养、便捷的"菜盘子"和"餐桌子"。这也是践行大食物观的重要方向,把中国人的饭碗牢牢端在自己手里,服务健康中国与食品安全国家战略,让千年来的中国饮食文化在增进人民福祉、创造高品质生活的进程中散发更大的光彩。

第三节 预制菜加工设备

一、单一设备

(一)炉灶

根据预制菜的烹饪方式,可能需要各种类型的炉灶,如炒灶、蒸煮灶、炸炉、压力锅等。同时,现代厨房还可能配备电磁炉,以提高能源效率。

1. 燃气可倾压力锅

燃气可倾压力锅适用于大型餐厅或中央厨房熬汤烧菜、炖肉、熬粥等,是食品加工行业中提高质量、缩短时间、改善劳动条件的好设备(图3-4)。

特点:该设备锅盖及内胆均采用优质进口材料锻制而成,符合国家《承压设备用不锈钢和耐热钢锻件》的要求,其他主体结构材料均采用优质SUS304不锈钢制作,安全、卫生、耐用。该设备外形新颖,设计合理,结构牢固,操作人性化。该设备配备一块优质的不锈

图3-4 燃气可倾压力锅

钢压力表，采用四个限压阀、两个安全阀及一个手动的泄压阀，安全高效，方便清洗、更换及维护。本设备采用自吸式猛火炉头，节能、升温快、热效率高。

2. 自动双槽油炸机

本设备是以电为能源的一种油炸设备。适用于炸鸡、炸牛排、炸羊排、炸薯条等各种油炸食品。

特点：油炸温度可随意调节，自动控制，配有炸物筐，可将炸制产品一次性出锅，从而提高产品品质一致性。电加热升温速度快，可连续油炸各种食品，不串味。减少浪费，比传统油炸机节油50%以上，同时减少空气污染，让操作者避免了烟熏火燎之苦（图3-5）。

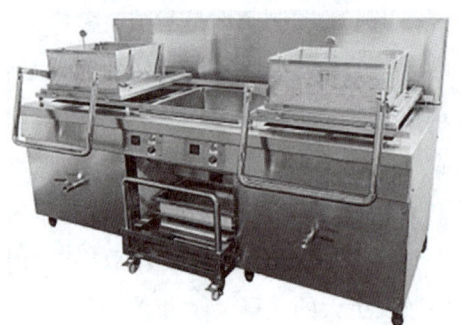

图3-5　自动双槽油炸机

（二）切菜机

切菜机如自动切菜机和手动切菜机，用于将食材切割成所需大小和形状。

多功能切菜机：适用于根茎类蔬果切丁、切片、切丝，叶类蔬菜切丝、切段处理，长短可调节，双头可同时操作（图3-6）。

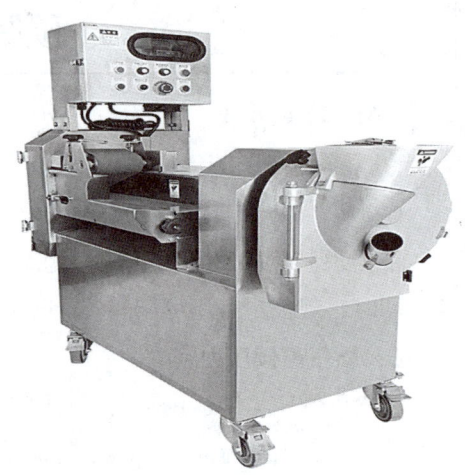

图3-6　多功能切菜机

特点：可依客户需求快速更换刀具；叶菜和根茎菜可同时加工，操作简单，故障率低，可降低人力成本；零件拆解容易，而且可用水洗；配置安装保护装置，开门即停；食品级防滑输送带，符合卫生标准；采用进口刀具，切口光滑、无毛刺，使用寿命长。

（三）斩拌机

斩拌机用于将肉、蔬菜及辅料斩成肉馅或肉泥。物料放入转锅、开启转锅及斩刀，物料随锅旋转，斩刀运用高速或低速将物料斩碎；可依不同物料需求切制不同规格，通过调整转锅速度和斩刀速度或控制斩切时间来实现。

特点：采用双动双速设计，转锅和斩刀速度均可调整；配置安全保护装置，掀盖即停；采用进口刀具，刀刃锋利耐用、高速运行平稳，乳化效果好；选用进口轴承；电机符合欧盟标准，抗过载能力强；整体框架及板材均采用304不锈钢加工制作，防腐蚀、卫生、美观、耐用；高转速能大幅提高乳化效果，使产品出品率更高，效果更好（图3-7）。

(四）滚揉机

滚揉机适用于各种畜禽肉、蒸煮火腿、原料肉的滚揉。由滚筒及传动系统、真空系统、机架和电器控制系统等组成；在真空条件下得到均匀的滚揉，通过盐、辅料和蛋白质的溶解、吸收，达到改善肉质结构、嫩化肉纤维、提高产品出品率的目的，同时又大幅缩短了搅拌的时间，提高了工作效率。

特点：出料便捷，料筒向下可完全倒空物料；可点动控制，方便控制；滚筒盖采用加厚不锈钢制作，用料扎实且密封性能良好；整体框架及板材均采用304不锈钢加工制作，防腐蚀、卫生、美观、耐用（图3-8）。

图3-7　斩拌机

（五）炒菜机

炒菜机适用于炒菜，炒料，炒面和炒饭等，用于烹饪预制菜。

特点：炒菜机具有自动翻炒和倾斜出锅两大特点，锅的表面涂有特富隆涂层，可使烹饪的菜肴不易黏附。燃气系统分三档火力控制，可任意调节火力大小，自吸式高温猛火炉头燃烧充分，效率高，性能稳定，质量可靠（图3-9）。

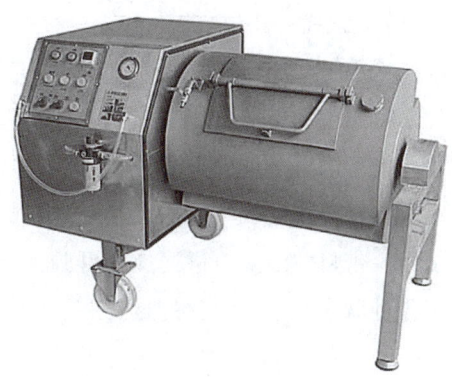

图3-8　横式真空滚揉机

（六）蒸箱

大型推车式蒸箱：适用于蒸米饭、馒头、玉米、土豆、鱼肉等各类食品，亦可用于餐、茶具的高温蒸汽消毒，是一款理想方便的多用途厨具设备。

特点：选用优质不锈钢材料制造，美观实用，干净卫生，符合食品安全标准。采用独特设计高效渐进式门锁铰，开关方便。采用冲压成型的不锈钢蒸饭盆和内胆，清洗便利。采用新型多气囊嵌入式硅胶门封设计，省去了三四个月更换门封条的烦恼，无须顾虑门封漏气的情况。特别适用于需多台蒸箱的单位，便于看管，不会因蒸箱多而忙中出

图3-9　炒菜机

错。人性化蒸车设计，使用方便，可节约人力，数十倍提高生产效率（图3-10）。

（七）包装机

1. 真空包装机

适用于复合薄膜或铝塑薄膜等软包材料。经包装后的产品可防氧化、霉变、虫蛀、腐败、受潮，可保质保鲜，延长物品储存期限（图3-11）。

特点：机内具有非常有效的油雾消除性能，不需接管排气。本机使用极为方便，从压下真空盖、抽真空、加热封口、印制标签、冷却、放气到真空盖开启，全过程自动程序控制。封品温度由调整时间予以控制，范围极广，适用于各种不同材料的包装袋。控制面板上设有急停按钮，如发现包装过程中出现异常，按急停按钮，即可中断包装程序。将预制菜进行真空包装，延长保质期和提高其安全性。

2. 袋式充氮包装机

适用于将各类物料，抽完真空后充氮气封口包装。增长保质期，让物料更新鲜（图3-12）。

特点：功能齐全、适应各种不同要求的包装，可用于单一的封口工序，可用于真空包装，也可以用于抽真空后充入惰性气体的包装。采用自动控制程序，抽气、充气、封口、冷却等程序自动完成。采用无室双气嘴机构，抽气（充气）嘴在完成工作程序后，自动退出包装袋，密封性能好，进退速度可调，工作效率高。抽气、充气时间及热封时间均可调。适用于各种薄膜及复合材料的封合。

（八）杀菌设备

杀菌设备如高压蒸汽灭菌器、微波灭菌器等，用于对预制菜进行杀菌处理，提高其安全性。

旋转式杀菌釜：针对早餐粥设计的（也适用于各种内容物黏度高、带有颗粒的产品杀

图3-10　大型推车式蒸箱

图3-11　真空包装机

菌，如果酱、果乳、含乳饮料等），满足不断变化的市场需求（图3-13）。

特点：食品装进转笼，在杀菌过程中连续回转。回转过程中，杯内谷物、汤汁不断地流动、混合。杀菌后的产品内容物均匀，不分层，产品美观，口感佳。杯内汤汁的流动很大地提高了热穿透速度和压力控制，产品杀菌后依然保持封口平整，美观。杯体不变形，将破损率减到很低。根据食品配方不同可选择多种杀菌工艺，良好的热渗透性，产品的营养不流失。

（九）冰箱和冷库

冰箱和冷库用于存储预制菜原材料和成品，以保证食材的新鲜度和质量。

不同的预制菜冷库建造配置是有差异的，因为需要设计进货区、原料储存库、加工区、成品包装区、成品储存冷库等不同的冷藏库与车间，这些库的温度与配置参数是有区别的。预制菜业务也对食品冷库全温区如恒温库、冷藏库、冷冻库、速冻库、超低温库等提出了更高需求，要求预制菜食品冷库具备多温区组合和温度灵活可变的功能，从而达到预制菜更高标准的运营要求。

速冻冷库为满足长时间存储、远距离运输的保鲜需求，生鲜鱼类等食品经过粗加工后需要进入速冻冷库中冷藏至-15℃以下。在速冻过程中，为了保证食品口感，食品温度需要快速经过-5~1℃的水结晶区；当平均温度达到-18℃时而迅速冻结的方法（图3-14）。

特点：抑制呼吸作用，减少有机物质的消耗，保持果蔬优良风味和芳香气味；抑制水分蒸发，保持果蔬新鲜度；抑制病原菌的滋生繁殖，控制某些生理病害的发生，降低果实腐烂率；抑制某些后熟酶的活性，抑制乙烯产生，延缓后熟和衰老过程，长期保持果实硬度，有

图3-12 袋式充氮包装机

图3-13 旋转式杀菌釜

较长的货架期。

(十) 输送设备

输送设备如轨道输送机、带式输送机等,用于在中央厨房内部传输食材和成品,提高生产效率。

变频配餐流水线:本机用于分装,流水作业。由机架、输送带、除渣槽及电器控制系统等组成(图3-15)。

特点:采用食品级输送带,能够耐高温(150℃以下)、耐酸、碱、盐等;变频调速,使生产达到高效、均衡;配备冲刷皮带用的喷淋水、残渣刮板、滤水槽及排水装置,使其作业时能随时保持皮带洁净,以充分满足食品卫生的要求。

(十一) 扫码机和贴标机

扫码机和贴标机用于在预制菜包装上打印生产日期、保质期等信息,提高产品的可追溯性。

图3-14 速冻冷库

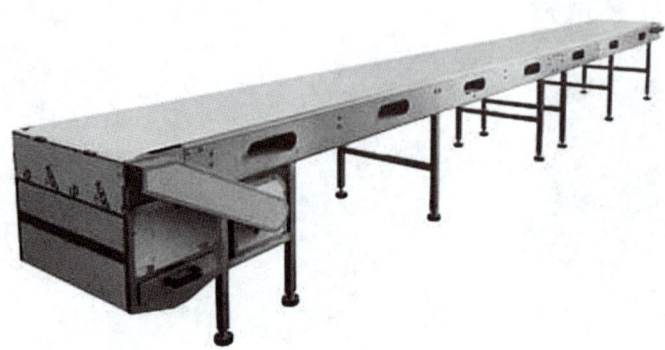

图3-15 变频配餐流水线

（十二）检测设备

检测设备如重量秤、温度计、pH计、金属探测仪等，用于对原材料和成品进行质量检测，确保符合质量标准。

金属探测仪：检测食品、面包、包子、馒头、水饺、饼干等产品中金属杂质及金属异物，金属探测机是使用电磁场来检查在传送带流水线上传送的被检查品，当检测出设定值以上的金属信号时，输出金属混入的警报或输出由选择器发出的剔除指令信号的装置（图3-16）。

图3-16　金属探测仪

特点：整机采用合格不锈钢材料，外观亮泽，具有防腐蚀、不生锈、易清洗等优点。采用食品级输送带，安全无毒，较大限度地保证了食品在检测过程中不受污染。高灵敏探头，可检测铁和非铁金属等，灵敏度高且可根据需要自由调节，对带水分的产品及冷冻产品也有很好的排除性。

（十三）软件平台智能系统

软件平台智能系统如学校团餐小程序，包括在线缴费、在线请假、餐品展示等功能。后台管理系统包括学生管理，退费管理、导出导入表格。商城系统包括预制菜上传售卖。让用户使用方便快捷。

二、净菜流水线

（一）整棵蔬菜清洗流水线

特点：采用连续式清洗，分段式水循环，节水的同时避免污水二次污染。加长汽浴清洗，可有效去除蔬菜根部的杂物，漂洗喷淋可保证蔬菜清洗干净无死角。整体采用快拆式设计，组装简单快捷，方便清洗和运输。清洗机与风干机采用整体式链条，避免蔬菜在输送过程中损坏。导向链轮快拆式设计，链条可向上移，可彻底清洗清洗池内污垢（图3-17）。

图3-17　整棵蔬菜清洗流水线

（二）叶菜、茎菜类加工流水线

特点：满足多品种蔬菜加工要求，切制长度1~80mm可调。采用水流喷冲角度变换冲刷悬浮混合物料与振动沥水去杂输送的原理，实现食品物料在清洗过程中不受损伤，达到有效清洗、杂质分离以及震动沥水输送的生产目标。清洗池底部设有泥沙沉淀槽，分离水流中泥沙、淀粉、杂质，便于集中存储、排放。旋转式接料车，省时省力减少浪费。可选配冰水机组使食品物料保鲜，可选配水箱除杂辊，有效去除水中细小的杂质及虫卵、毛发。可选配净水消毒装置组，有效地去除物料及水中的农残。可选配上转笼，有效地过滤除杂质，虫卵、毛发、细小漂浮物及因菜酸腐、菜叶堆积产生的泡沫（图3-18）。

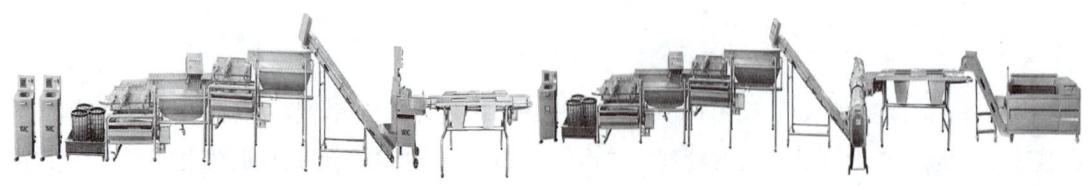

图3-18　叶菜、茎菜类加工流水线

三、自动米饭生产线

对大米进行洗涤、浸泡、水米配比、炊焖、扒松以及清洗米饭锅的自动生产线。生产线由大米提升机、米仓、螺旋洗米机、计量灌装、米饭炊焖机、翻转扒松机、洗锅机和输送连接装置等组成。

特点：炊焖机采用三层密闭结构设计。米饭锅进入炊焖机后，一层烧开，二层收水，三层焖饭。炊焖机采用密闭结构，烧饭时多余的热量贮存于上层空间；米饭锅在二三层时利用这部分能量进行收水和焖饭，节约了能源，且使能源利用最大化。采用独创的旋转托锅架链条输送装置。该装置用特制耐高温材料制作而成，具有高温不变形、不黏结等特点，长期使用不会发生咬死现象，使旋转托锅架在米饭炊焖机中360°旋转自如，保证米饭锅在米饭炊焖机中始终平稳运行。米饭扒松机采用食品级输送带，安全卫生，皮带输送机构采用张紧结构设计，可整体拉出，拆装清洗十分方便，并设有防偏导向条，有效防止跑偏。采用独有的特殊装置收集炊焖饭机顶部的余热，将洗锅机的水加热，达到彻底消毒的作用，节省35%能源，减少废气的排放。翻转扒松机喷涂不粘涂层，防止黏饭、便于清洗，采用的双层扒松装置，使扒松后的米饭更加松软可口，米香浓郁。该生产线采用全电脑控制，易操作，有自动报警功能，安全可靠；独创节能线性燃烧器，热效率高，燃烧充分，加热均匀（图3-19）。

图3-19 自动米饭生产线

第四节 预制菜产品开发

一、预制菜多元化大单品矩阵

预制菜产品的销售渠道主要是B端和C端，B端主要以连锁餐饮、中央厨房提供定制服务为主，而对于以家庭型和个人为主的C端消费者，预制菜企业需要积极推进菜品创新，增加预制菜品类，才能吸引C端消费者的目光及激发购买欲。

随着企业降本增效和消费者对便捷食品的需求快速增加，预制菜企业从打造单品升级为大单品新逻辑，主要围绕四种逻辑研发预制菜产品，以"爆款出击，全品类殿后"的形式，形成预制菜多元化大单品矩阵。

（一）普适性单品

现阶段，预制菜产品类型、口味、包装、规格等日益丰富，但是能否成为亿元级的大爆品，关键取决于产品能否解决口味不能普遍适用于全国消费者的问题。作为家常菜，鱼香肉丝、宫保鸡丁、糖醋里脊等预制菜产品在市场上表现不俗，就是由于契合了普适类产品的市场需求。以鱼香肉丝为例，市场上预制菜企业几乎都有售卖这款产品，调味品市场上也推出了鱼香肉丝调料，成品自热米饭中推出鱼香肉丝自热锅，可见这款菜品的受欢迎程度。糖醋里脊也是普适类产品中的一员"大将"，麦子妈、安井冻品先生等企业都有这款产品的生产和销售。

（二）八大菜系复刻

在众多预制菜产品研发思路中，通过地方菜系研发创新产品是最常用的方式之一，也是"出爆品率"最高的方式之一。我国菜系按照地域的不同，划分为八大菜系，分别有粤菜、川菜、鲁菜、苏菜、浙菜、闽菜、湘菜和徽菜。不同的菜系往往代表了当地饮食文化和口味的偏好，八大菜系基本囊括了我国饮食文化的精要。粤菜中的梅菜扣肉，川菜中的宫保鸡丁，鲁菜中的油爆大蛤，苏菜中的蟹粉狮子头，浙菜中的东坡肉，闽菜中的佛跳墙，湘菜中的小炒黄牛肉，徽菜中的臭鳜鱼等，预制菜企业通过研究地方菜系，从中获取更多新品研发思路，创造出爆款预制菜产品，如聪厨的梅菜扣肉，珍味小梅园的东坡肉等。

（三）餐饮热销菜

目前，餐饮市场上出现了一大批具有代表性的餐饮品牌，他们通过打造爆款单品的形式使品牌深入人心，成为行业翘楚。比较具有代表性单品的就是小龙虾、烤鱼和酸菜鱼。热门餐饮店的必点产品成为预制菜企业关注的焦点之一，以酸菜鱼为例，太二酸菜鱼、麻六记酸菜鱼、叮叮懒人菜酸菜鱼在抖音平台均有不俗销量。小龙虾、烤鱼等，不仅在餐饮端销售火爆，在预制菜端也是企业研发的重要方向，安井食品为了拿下热门品类小龙虾，收购了新柳伍。

（四）年夜饭、礼盒

逢年过节送礼访友是中华民族的传统习俗。据统计，在2020—2022年的春节时期，很多人会送年夜饭预制菜礼盒。叮咚买菜小程序上推出的预制菜优惠套餐，上线两天全部被抢空，小程序创下历史访问峰值。此外，知味观、松鹤楼、太二、金鼎轩、安井、大董、同庆楼等品牌也纷纷推出预制菜礼盒装产品。高端系列预制菜礼盒产品市场表现也非常亮眼，比如佛跳墙系列礼盒产品，主要消费人群为送礼人群。海文铭、红小厨、天海藏等品牌均有佛跳墙产品的销售。

二、中式预制菜研发方向

（一）技术革新迭代化

加工技术革新和智能装备研发是实现预制菜品质保真和产业创新的引擎，从而确保食品口感、风味、色泽及营养满足消费者需求。新含气调理食品加工技术、超高温瞬时杀菌技术、超高压杀菌技术、脉冲强光杀菌技术、挤压膨化技术等能够实现高效、均匀、快速灭菌，确保食品的风味、营养并延长贮存期。超声协同酶促嫩化技术、低温加热嫩化技术、超高压嫩化技术可改善水产品及禽畜肉制品的口感，并减少营养成分的损失。磁场辅助冷冻技术、电场辅助冷冻技术、超声辅助冷冻技术及高压冷冻技术可减少冰晶对食品组织的损伤，改善冻品品质及口感风味。近红外光谱检测技术、高光谱成像技术、低场核磁共振检测技术及智能感官分析技术可对食品新鲜度、品类溯源及无损检测进行分析。自动化生产线、智能测控装置、无人厨房和智能餐厅等的创建为食品制造带来全新的变革。中式预制菜技术革新和装备制造亟需突破精准加工、智能监测和信息互联等关键技术，为中式预制菜带来个性化食品制造新理念、创造发展机遇。

（二）产品创制多元化

预制菜产业市场细分能够对现有市场进行深度开发。预制菜不仅要满足家庭快手菜普通型市场的需求，而且要针对高端市场、地域特色、季节周期和特殊膳食进行产品细分。根据《中国消费者报》调查显示，传统的重口味、荤菜等预制菜品消费量较高，占比高达77.6%。如佛跳墙、白切鸡、狮子头、道口烧鸡、鱼香肉丝和宫保鸡丁等都是预制菜中备受青睐的单品。目前预制菜市场同质化问题严重，菜式统一，缺乏多元化创制。针对预制菜细分到单品具有广阔的市场空间。

2021年预制菜水产品行业规模达856亿元，同比增长率维持在16.8%，小龙虾、烤鱼及酸菜鱼预制菜水产品成为消费热点。小龙虾作为水产类的单品，于2021年总产值突破4000亿元。2022年5月，盒马加油虾、海底捞小龙虾以及信良记平台和天猫618的小龙虾预制菜市场销售业绩显赫，其中，小龙虾依附预制菜形式成为市场消费主流。

酸菜鱼预制菜产品数量众多，卖点多样。在淘宝、天猫、京东等电商平台上搜索酸菜鱼，出现数百个品牌，上千款产品，琳琅满目，价格高低不一。预制菜的技术没有太大难度，关键是口味、食材、调味上的差异。预制菜企业纷纷主打"真活鱼制作""酸菜81天腌制""酸汤12小时文火熬制""酸菜220天发酵"等概念，探索差异化卖点。

依据我国地方菜系的特点，可基于食物风味、品质保真和还原程度，研发更多预制菜品类。此外，在预制菜产品包装盒设计方面需注重消费者的体验感，需从操作简便、智能提示和品质可视等多维度考虑。

(三)向营养健康化升级

中国营养学会发布《中国居民膳食指南（2022）》，倡导居民饮食要注重减少盐、少油和减少脂肪的摄入量，提高对蛋白质含量高、营养密度高的食物选择，增强果蔬、全谷物、乳类、大豆和水产品的摄取，减少外出饮食并提升烹、选意识，逐步引领国民回归植物性为主的膳食结构。我国慢性疾病死亡人群占88.5%以上，重大慢性疾病（如心血管疾病、糖尿病、慢性呼吸系统疾病、高血压及癌症等）医疗消费占比达90%，高龄人群（65岁以上）慢性疾病的发病概率高达60%以上。高盐的摄入是慢性疾病形成的关键因素，《国民营养计划（2017—2030）》提出2030年我国人均食盐摄取量降低20%的计划。低盐肉制品、谷物类、海藻类及鱼虾贝类等高蛋白、低热量、高纤维的中式预制菜逐渐进入市场。中式预制菜的创制应根据膳食指南要求进行合理搭配，满足营养均衡的需求。针对特殊年龄、特殊生理状态、特殊疾病及特殊职业人群开发功能型预制菜肴，以满足精准营养和个性化需求。

目前，美国和日本着重于植物基和功能型预制菜品的开发。2021年美国植物基食品销售额达74亿美元，其中植物基肉类销售额达14亿美元。美国食品制造商多以豆类蛋白为主，推出植物基肉品及水产品预制菜，并针对乳糜泻、麸质敏感、心脏病患者和2型糖尿病患者等开发特殊膳食预制菜品。注重低盐、低糖、无添加剂的预制菜生产，保持产品成分的天然性。此外，paleo饮食（原始饮食）和whole30饮食（一项为期30d的饮食计划）也备受美国消费者推崇。日本预制菜的特点多注重食品的功能性，结合多种功能活性因子，针对减肥、降三高（高血压、高血脂、高血糖）、提升机体免疫和美容养颜等开发功能型预制菜产品。作为人口老龄化国家，日本食品制造商专门针对老龄化人群开发易于咀嚼和吞咽的预制菜品，并通过颜色标签为消费者标注食用信息。借鉴欧美和日本成熟的预制菜市场发展经验，加快推进我国预制菜肴向功能型和多元化方向发展。中式预制菜相较于传统的中式菜肴应引入现代食品加工方法，从营养健康、绿色安全、便捷美味等多角度探索符合我国人群饮食标准的预制菜发展之路。

思考题

1. 结合老年人群市场，谈谈未来中式预制菜的发展方向。
2. 八大菜系如何应用预制菜加工方法进行进一步发展。

第四章 预制菜保鲜技术

本章导学

预制菜的新鲜度是评价预制菜品质的关键指标，自预制菜问世以来饱受诟病的原因之一就是预制菜与餐饮店烹饪出来的品质相差甚远，一度被反对者认为是"剩菜"。除了延长预制菜保质期之外，如何使预制菜在贮藏过程中保真、保味是当前预制菜产业技术发展的核心。

食品的腐败变质是指食品在各种内外因素的影响下，其原有化学性质或物理性质和感官性状发生变化，使之营养价值和商品价值降低或丧失。食品腐败变质是以食品本身的组成和性质为基础，在环境因素影响下，主要由微生物的作用引起，是食品本身、环境因素和微生物三者互为条件、相互影响、综合作用的结果。食品腐败变质不仅使食品的营养价值降低，其产生的腐败微生物及其毒素在内的多种有毒有害物质还将会对食品安全带来严重威胁，甚至危及消费者的身体健康和生命安全。自人类文明以来，人们就开始利用各种手段延长食品的贮藏期，许多传统的食品保藏手段沿用至今，如腌制、干燥、发酵、烟熏等。近年来，一些物理保鲜技术、化学保鲜技术在食品乃至预制菜中得到较好的应用。

学习目标

1. 了解引起预制菜腐败变质的因素。
2. 能够针对不同种类的预制菜，选用合适的保鲜技术。

第一节
物理保鲜技术

物理保鲜技术主要是指在食品生产和贮运过程中利用各种物理手段（如低温、气调、辐照等），提高食品品质和延长食品的货架期，是目前食品行业中最为常用的保鲜手段，包括低温保鲜、气调保鲜、真空包装、涂膜保鲜、辐照保鲜等。目前，磁场保鲜技术、静电场保鲜技术、超高压保鲜技术、高压电场保鲜技术、低温等离子体杀菌保鲜技术、脉冲电场保鲜技术等新兴保鲜技术在预制菜领域得到很好的应用。

一、低温保鲜技术

所谓低温保鲜，简单来说，就是将食品保持在低温的状态下，对菜肴的质量进行控制，达到延缓产品腐败速度、延长产品保质期的目的。采用低温保鲜技术对菜肴进行保鲜，一方面能够将新鲜菜肴的保质期延长，为消费者提供更加方便的食品供应服务；另一方面还能够给菜肴加工工业带来便利，减少半成品的浪费，实现延长预制菜保质期的目的。在对菜肴进行低温保鲜过程中要解决两大关键问题：一是保鲜；二是防腐。菜肴在低温下不易变质的原因主要有三个方面：其一，低温对水分活度的影响；其二，低温对微生物的影响；其三，低温对酶的影响。因此，对预制菜低温保鲜是菜肴前处理、冷却、冻结、冷藏或冻藏的过程。这一过程依据的原理主要是当温度达到食品的冰点时，食品中的微生物活动会减慢，延缓食品腐坏的速度，而当低温保持在食品的冰点之下时，大部分微生物的活动都会停止。温度是影响微生物生长繁殖和各种化学反应速率的重要因素之一，因此在低温条件下，能够抑制微生物活动和繁殖，减缓食品内部的化学反应，从而保持食品新鲜度并延长食品保藏期限。研究显示，冷藏温度越低，食品品质变化越小，冷藏期限越长。

二、辐照保鲜技术

辐照保鲜由美国在20世纪50年代时首先提出，通常是用γ射线照射食物，利用原子能射线的辐照能量，钝化菜肴原料组织体内的酶，达到抑制有害微生物生长、延长贮藏期的目的。辐照保鲜技术可保存中式菜肴的色、香、味、形，具有诸多优点：辐照技术可以杀菌、消毒，降低食品的病原体污染，降低食源性疾病的发病率；辐照处理的食品几乎不会升高温度（<2℃），特别适用于会因传统方法处理而失去风味、芳香性和商品价值的食品；辐照食品无任何残留物，也无污染；γ射线穿透力强，杀虫、灭菌彻底；应用类型广泛，节约能源。然而，目前大众对γ射线辐照过的食品辐照残留和安全性认知度不高，在一定程度上影响辐照食品销量。由于辐照保鲜技术应用范围较窄，适用能量射线种类不多，很难使酶完全

失活,也可能产生辐射效应。因此,辐照保鲜技术并未广泛推广使用。

三、减压保鲜技术

减压保鲜是用降低大气压力的方法来保鲜水果、蔬菜、花卉、肉类、水产等易腐烂物品,是贮藏保鲜技术的又一新发展。减压保鲜技术是将菜肴放在一个密闭冷却的容器内,用真空泵抽气,使之获得较低的绝对压力,其压力大小要根据菜肴特性及贮温而定。当所要求的低压达到后,新鲜空气不断通过压力调节器、加湿器,带着近似饱和的温度进入贮藏室。真空泵不断地工作,物品就不断得到新鲜、适宜湿度、低压、低氧的空气。一般每小时通风四次,就能除去菜品原料所产生的乙烯、二氧化碳、乙醛等不利因子,使菜肴长期处于最佳休眠状态。该方法较好地解决了贮藏菜肴原料失重、萎蔫等问题,不仅菜肴的水分得到保存,也减少了维生素、有机酸、叶绿素等营养物质的消耗。贮藏期比一般冷库延长3倍,菜肴保鲜指数大大提高,货架期也明显增加。减压保鲜技术具有以下三个特点:一是迅速冷却;二是快速降氧,随时净化;三是高效杀菌,消除残留。研究发现,在冷藏环境(-1℃),压力从0.1MPa降到1.3kPa时,氧的体积分数小于0.2%。低氧环境有助于抑制细菌和霉菌的侵染,减压冷藏时肉制品预制菜保鲜期可提高到50d。

四、气调保鲜包装技术

气调保鲜包装技术(modified atmosphere packaging,MAP)是采用具有气体阻隔性能的包装材料包装食品,将一定比例的混合气体充入包装内,防止或减缓食品在物理、化学、生物等方面发生品质下降,从而使食品能有一个相对较长货架期的技术。气调保鲜包装中最常用的气体是氧气、二氧化碳、氮气。低氧浓度不仅可以减弱或抑制脂肪氧化酸败,减少脂溶性维生素的损失,还可以抑制维生素C、谷胱甘肽、半谷胱氨酸等的氧化,保持果蔬的营养价值。

气调保鲜包装技术的关键在于调节气体。根据调节气体方式的不同,可以分为被动气调保鲜(equilibrium modified atmosphere packaging,EMAP)和主动气调保鲜(controlled atmosphere packaging,CAP)两类。EMAP也被称作平衡气调包装,是指将果蔬置于具有优异透气性和透湿性的高分子材料包装膜内,使果蔬正常的呼吸作用所吸收的氧气和产生的二氧化碳气体通过溶解—扩散理论,以浓度差为驱动力,克服相邻活性位点间的位阻,在膜基质上相继跃迁扩散,进而自主平衡包装中的气体成分,直至达到长时间的动态平衡状态。CAP又称控制气调包装,指通过对不同果蔬的定向分析,运用机械设备人工控制包装内部环境,主动调节适宜果蔬保鲜的气体浓度、温度和压强等参数。但CAP操作成本较高,技术复杂,一般用于大规模的冷库气调保鲜贮藏。

五、超高压保鲜技术

超高压（high-hydrostatic pressure，HHP）保鲜技术，又称高静水压保鲜技术，是目前研究最多、商业化程度最高的非热力食品加工技术。高静水压技术的杀菌原理是高压（通常是100~1000MPa）对微生物的致死作用，主要是通过破坏细胞膜功能，改变酶的立体结构，中断微生物遗传物质的复制来达到杀菌目的。食品超高压杀菌，是将食品物料以某种方式包装完好后，使用液体（通常是水、食用油、甘油）作为压力传递介质，使食品在室温或温和的工艺温度下（<60℃）达到100~1000MPa，立即将等静压传递给食品，保持一段时间后，即可达到杀菌要求。通常来说，影响高静水压杀菌的因素主要有加压大小、加压时间、加压温度、pH、水分活度、食品成分及微生物种类等。自1895年Royer等首次发现超高压可以杀死微生物以来，有关应用超高压技术的研究在国内外陆续报道。高静水压杀菌技术在食品工业中最初是应用于乳制品生产，该技术较传统的热杀菌技术具有能最大程度地保持食品中的风味物质、维生素、色素等的稳定性，减少营养成分的损失等优势，不仅能满足消费者对于食品天然、新鲜、安全的需求，也促进了高静水压技术在新鲜农产品、乳制品、水产品及酒类产品中的发展及应用。由于高静水压技术可破坏大分子物质（如蛋白质和碳水化合物）的共价键而使其结构被破坏，而小分子化合物的共价键不受影响或影响很小，因此，超高压技术在保持食品的色泽、维生素、风味物质等小分子化合物方面较传统的热处理方式显示出极大的优势。该技术除良好的杀菌效果外，还具有有效防止褐变、风味流失等优点，因此目前关于应用超高压技术商业化生产的主要还是果蔬汁产品，如苹果汁、草莓汁、桃汁、番茄汁、胡萝卜汁、橙汁等。

六、脉冲电场保鲜技术

脉冲电场（pulsed electric field，PEF）保鲜技术是一种新型的非热食品杀菌技术，它是以较高的电场强度（通常为10~50kV/cm）、较短的脉冲宽度（0~100μs）以及较高的脉冲频率（0~2000Hz）形成脉冲波的形式作用于食品中的微生物、酶，从而达到杀菌、钝化酶、延长食品保质期的目的。通常来说，高压脉冲电场杀菌技术的处理效果通常受电场强度、处理时间、食品温度以及微生物或酶的类型等因素的影响，与传统热杀菌及化学杀菌技术相比，PEF技术具有处理时间短、能耗低、食品物理化学性质变化小、风味物质损失小等优点，是目前最受欢迎的非热力食品加工技术之一。目前，关于PEF处理对微生物的灭活机制被广泛接受的主要是基于细胞膜破裂所涉及的两种假设，包括电击穿和渗透不平衡假设。电击穿理论认为细胞膜是一个充满电介质的电容器，细胞膜周围的液体具有和细胞膜一样的介电常数，膜两侧的介电常数变化导致跨膜电位的变化，当施加外部电场的电场强度超过跨膜电位的临界阈值时，便会发生电击穿导致孔的形成，且灭活效率受细胞大小、细胞形状、液体食品的介电特性以及处理温度等因素的影响。当膜表面的孔径变大，膜出现不可逆的破坏，发生膜的机械破坏和随后的细胞死亡。渗透不平衡理论则认为施加的外界电场会引起细胞膜磷脂构象的变化，导致膜的重排和水滴孔的形成，跨膜电位则会影响膜中蛋白质通道的打开与否，从而导致细胞膜的破坏，引起微生物死亡。从1973年至今，已经有许多关于PEF技术在食品行业（乳制品、新鲜果蔬制品、发酵食品以及茶饮料）中应用的研究成果，包括PEF技术对白酒快速催陈、对蛋清蛋白质功能特性的影响以及对绿茶饮料果蔬汁杀菌效果等方面的研究。例如Elez Martínez等发现PEF技术能保留橙汁中87.5%～98.2%的维生素C，其抗氧化能力较热处理后的橙汁样品高。不同的处理条件对处理样品的色泽、风味以及营养物质都有较大的影响。然而脉冲电场技术还没有广泛地应用于中式菜肴调理食品中，因此未来可考虑通过此种方法对中式菜肴特别是中式蔬菜类预制菜进行杀菌处理，可同时解决护色及风味保持等方面的问题。

第二节 化学保鲜技术

化学保鲜技术主要是指在食品生产和贮运过程中使用食品添加剂，以保持或提高食品品质和延长食品保藏期的保鲜技术。根据化学保鲜剂的保鲜机理不同，可分为防腐剂、杀菌剂、脱氧剂和抗氧化剂。在方便食品中常用的就是防腐剂和抗氧化剂，但是根据国家有关规定，预制菜中不得添加防腐剂。

一、抗氧化剂概述

当有光、热、金属离子等存在下，脂肪可发生非酶促氧化，即自动氧化，遵循游离基反应机制，包括引发、传递、终止三个阶段。抗氧化剂是指能防止或延缓油脂或食品成分氧化分解、变质，提高食品的稳定性和延长贮存期的食品添加剂。抗氧化剂能够通过阻止脂肪氧化链式反应的引发或传递过程，形成稳定自由基，或是通过清除氧、螯合金属离子而起到延缓油脂的自动氧化过程。

二、抗氧化剂类型

抗氧化剂分为人工合成抗氧化剂和天然抗氧化剂。
人工合成抗氧化剂是食品中最常使用的抗氧化剂，根据GB 2760规定，我国允许使用的人工合成抗氧化剂共有15种，其中在肉制品中较为常见的是丁基羟基茴香醚（BHA）、二丁基羟基甲苯（BHT）以及没食子酸丙酯（PG）。

BHA具有一定的挥发性，因此可在食品包装材料中应用而对食品起抗氧化作用。可涂抹在包装材料内面，也可在包装袋内充入抗氧化剂的蒸气，或用喷雾法将抗氧化剂喷洒在包装纸上，其用量为0.02%～0.1%（w/w）。胡鹏等在真空包装的扒鸡中添加维生素C、维生素E、BHA三种抗氧化剂并研究它们对扒鸡的脂肪氧化影响情况，结果显示添加浓度为0.02%的BHA抗氧化效果最好。

BHT溶于乙醇及各种油脂中，可以应用在食用油脂、油炸食品、干鱼制品、饼干、方便面、速煮米、果仁、罐头、腌制肉制品等食品中，没有BHA的特异臭味，且稳定性较高，根据GB 2760其最大使用量为0.2g/kg。姜秀杰在真空包装的生鲜鸡肉中分别加入0.5g/kg特丁基对苯二酚（TBHQ）、0.2g/kg BHT、0.3g/kg茶多酚、0.3g/kg迷迭香、0.5g/kg维生素E以及0.5g/kg维生素C六种抗氧化剂并进行单因素试验，测定真空包装的生鲜鸡肉的硫代巴比妥酸（TBARS）值发现，添加TBHQ和BHT组的抗氧化效果较好。

PG微溶于油脂，可以应用在油脂、油炸食品、干鱼制品、饼干、速煮面、罐头等食品当中，其对热较稳定，能够与铜离子、铁离子发生呈色反应，根据GB 2760其最大使用量为0.05g/kg。赵谋明等研究发现，在真空包装的广式腊肠中添加100mg/kg的PG，在37℃的贮藏条件下贮藏90d，其TBARS值仅为0.12mg/kg，显著低于添加100mg/kg的维生素E处理组。

天然抗氧化剂是指从动植物内直接分离出来，或从它们和微生物代谢产物中提取的具有抗氧化作用的物质。天然抗氧化剂的作用效果虽然不及人工合成的，但是随着近年来各种食品及合成抗氧化剂安全问题的发生，人们越来越倾向于使用安全性较高的天然抗氧化剂，如生育酚（维生素E）、多酚类化合物及各种香辛料提取物等。

维生素E广泛存在于高等动植物组织中，具有防止动植物组织内脂溶性成分氧化变质的功能。维生素E对热稳定，即使加热至200℃也不被破坏，具有耐酸性，缺点是不耐碱，对氧气十分敏感，自身可以发生氧化，在空气及光照下氧化变黑。魏跃胜等研究发现，在0～4℃冷藏条件下的油炸肉丸中添加0.5mg/kg的维生素E，可以使其贮藏期延长至21d。

香辛料提取物是指从植物组织中所提取的具有抗氧化、防腐功能的香辛料物质。这类植物主要有迷迭香、丁香、肉桂、桂皮等，由于来源于天然物质，价格也较为低廉，最重要的是安全性很高。它们最初的作用是赋予食品特殊的风味及调节生理功能，近年来对其的研究主要在抑菌防腐、抗氧化作用等方面。研究表明香辛料提取物中的抑菌成分主要有多酚类化合物及其衍生物、萜烯类化合物、不饱和醛类化合物。早在1982年Inatani等就研究了迷迭香叶提取物对猪油的抗氧化作用，结果显示迷迭香叶提取物抑制脂肪氧化能力是BHT和BHA的4倍。Campo等发现肉桂、迷迭香、柿子椒以及多种薄荷科芳香植物能够抑制多种腐败微生物的生长。Sebranek等在煮制的传统香肠中添加1000mg/kg的迷迭香提取物并测定其TBARS值发现，其抗氧化作用效果与BHA和BHT相当。王颖等研究发现迷迭香提取物可以延缓花生油、猪肉以及菜籽油的油脂氧化过程。

第三节 生物保鲜技术

生物保鲜剂是从自然界提取或利用生物工程技术获得的一种新型保鲜剂，具有安全高效、绿色环保等特点，广泛应用在食品工业等领域。随着预制菜产业的兴起，生物保鲜技术在预制菜中的应用变得尤为重要，并吸引越来越多的研究者关注。

一、微生物保鲜（microbial preservation）

微生物保鲜是一种利用有益微生物阻止食品腐败的技术。这些微生物可以通过多种方式实现食品保鲜，例如产生抑制其他有害微生物生长的化合物，或消耗食品中的营养物质。主要的微生物保鲜技术包括以下几种。

（1）乳酸菌　乳酸菌是一类常见的益生菌，广泛用于食品发酵过程中。它们通过产生乳酸和其他抑制性化合物，如双歧杆菌素，抑制食品中有害微生物的生长，从而延长食品的保鲜期。

（2）酵母菌　酵母菌可以在酸性环境中生存，同时也可以通过产生酒精等化合物抑制有害微生物的生长，例如在面包、啤酒等食品加工中常见。

（3）乳酸菌发酵产物　乳酸菌发酵产物具有抑制其他微生物生长的作用，例如乳酸、醋酸和抗菌肽等。

这些微生物保鲜技术可以单独应用或与其他技术结合使用，以实现最佳的预制菜保鲜效果。

二、抗菌物质保鲜（antimicrobial substances）

抗菌物质是指一类能够抑制或杀灭微生物生长的化学物质。这些物质可以是天然的，如植物提取物和动物来源的物质，也可以是人工合成的。抗菌物质主要包括以下几类。

（1）天然抗菌物质　例如植物提取物（如茶多酚、辣椒素等）和动物源抗菌物质（如鱼脂肪中的抗菌肽等）。

（2）化学合成抗菌剂　例如苯甲酸、山梨酸等。

抗菌物质通过抑制食品中有害微生物的生长，减缓食品的腐败和变质过程，从而延长食品的保鲜期。

三、生物保鲜膜形成（bio-preservation films）

生物保鲜膜是一种利用天然生物聚合物，如淀粉、蛋白质和纤维素等制成的具有保鲜功能的薄膜。生物保鲜膜形成技术主要包括以下几个方面。

（1）淀粉基生物保鲜膜　由淀粉和其他增强性能的成分组成，如纳米颗粒、抗菌剂等。

（2）蛋白基生物保鲜膜　以蛋白质为主要原料，通过添加交联剂和抗菌剂等，来增强生物保鲜膜的物理和化学性质。

（3）纤维素基生物保鲜膜　由纤维素或纤维素衍生物制成，具有优异的机械性能和可降解性。

生物保鲜膜通过阻隔氧气和水分的进入，以及释放抗菌物质等方式，有效地延长食品的保鲜期和保持其品质。

四、竞争性排除（competitive exclusion）

竞争性排除是指利用有益微生物在食品表面形成生物膜，以阻止有害微生物的附着和生长。竞争性排除技术的应用主要包括以下几个方面。

（1）乳酸菌竞争性排除　通过在食品表面形成生物膜，减少有害微生物的附着和生长。

（2）酵母菌竞争性排除　酵母菌可以通过在食品表面形成生物膜，阻止有害微生物的生长，例如在葡萄酒等发酵食品中的应用。

竞争性排除技术通过增加有益微生物的数量和活性，减少食品中有害微生物的生长，从而延长食品的保鲜期。

五、酶工程保鲜（enzyme engineering）

酶工程保鲜是利用酶的特异性反应来改变食品中的化学成分，从而延缓其腐败和变质过程。主要的酶工程保鲜技术包括以下几类。

（1）添加氧化酶　例如过氧化氢酶和超氧化物歧化酶等，用于清除食品中的氧化物质，防止食品氧化变质。

（2）添加水解酶　例如蛋白酶和淀粉酶等，用于降解食品中的蛋白质和淀粉，从而延缓其腐败过程。

生物保鲜技术通过上述多种手段综合应用，可以有效地延长食品的保鲜期和维持其品质，从而减少食品腐败和变质带来的经济损失和资源浪费。这些技术不仅适用于传统食品加工工业，也在预制菜等领域发挥着重要作用。

思考题

1. 低温保鲜技术的优势及劣势是什么？
2. 请根据气调保鲜包装技术原理，谈一谈预制菜气调保鲜的关键技术要点。
3. 在预制菜不得添加防腐剂的要求下，谈一谈提升产品货架期的基本思路。

05 第五章 CHAPTER
预制菜的包装及贮运

本章导学

当下火热的预制菜背后的底层逻辑是,预制菜正在经历从B端渗透至C端的结构性变化,这就要求传统服务B端的预制菜企业以及切入预制菜赛道的企业和品牌从以往的"工厂思维"转化为"用户思维",站在C端消费者的体验层面考虑产品的开发设计,其中,包装很显然是加强C端消费者体验预制菜的一个关键触点,从餐厅后厨走向家庭厨房,应用场景的变化会给预制菜包装创新带来哪些改变?如何通过包装创新升级优化预制菜的消费体验?

学习目标

1. 掌握预制菜包装材料的选择。
2. 能够对预制菜进行包装设计。
3. 掌握不同种类预制菜的贮藏条件及运输方法。

第一节
预制菜包装材料及包装技术

一、包装材料

我国预制菜产品的种类较多，包装形式有袋装、碗装、盒装和罐装等。不同种类的预制菜对包装材料的要求不同，对生产者和制造商来说，在选择预制菜食品包装材料时，需要着重考虑以下几个关键因素：①包装材料的阻隔性能，如阻止氧气、水分、光线等对食品的影响，以防止食品变质；②机械性能，包括抗压、抗穿刺等，确保在运输和存储过程中包装不易破损；③食品安全，材料应当符合相关食品接触材料安全标准，不向食品中迁移有害物质；④热稳定性，对于需要加热处理的预制菜，包装材料应能够承受相应的温度；⑤成本与品牌，在包装要求的前提下，控制成本、提升品牌形象可以提高产品的市场竞争力。未来，随着预制菜行业的持续规范发展，预制菜食品包装材料也将朝着更加安全、保鲜、便捷、环保和多样化的方向不断创新和改进，以更好地满足市场需求和消费者对食品安全与品质的要求。如抗菌保鲜包装采用纳米技术或智能材料能够根据环境变化自动调节抗菌保鲜性能，以抑制微生物生长、延长保鲜期限。

（一）塑料材料

塑料材料具有质量轻、高透明性、良好的阻透性、易加工和良好的卫生安全性能，成本相对较低，几十年来一直被广泛用作食品包装材料。塑料材料优越的性能满足大多数预制菜产品的包装要求，在运输和存储过程中不会轻易出现微生物污染、变质等问题。现在市面上常见的预制菜产品包装所采用的塑料材料有聚乙烯（polyethylene，PE）、聚丙烯（polypropylene，PP）和聚对苯二甲酸乙二醇酯（polyethylene terephthalate，PET）等。PE薄膜虽然透明度较差，但具有低温韧性、抗弯曲和表面光泽度好等优点，适用于包装新鲜或冷冻的预制菜产品。PP材质具有密度低、熔融温度高、化学惰性、成本低等特点，而它的主要优点是耐高温，可微波加热，适用于即热预制菜产品，可直接放入微波炉进行加热，方便食用。PET材质具有透明度好、气体阻隔性能好、质量轻和抗破碎等特点，可使预制菜产品具有较长的货架期。食品包装材料除安全因素外，还需考虑经济因素，控制包装成本。塑料材料产量大，是最容易得到和最经济的包装材料，将其应用到预制菜包装中可以降低产品的成本。预制菜在塑料包装材质研究上还有较大的空间，对塑料包装袋、塑料包装盒和保鲜薄膜等的需求具有可观的市场。

（二）铝箔材料

铝箔是将纯度在99.5%以上的纯铝压延成厚度为0.005~0.2mm的材料。铝箔材质轻巧、阻隔性和环保性好，可以在-20℃~250℃下使用，可用于制作防热绝缘包装。铝箔的最大缺点是不耐酸和强碱，不适合与强酸碱性食物一起加热，因其中的铝离子会析出，具有一定的健康风险。良好的风味是消费者选择预制菜产品的重要参考，而预制菜产品的风味在运输存储中会发生劣变，影响产品的品质。铝箔材料具有优良的保香性，可保持食物的原汁原味。铝箔材料可以明火加热，在加热方式上比塑料包装的产品有更广的应用范围。铝箔盒还具有耐油性好的特性，适用于汤汁多的红烧类预制菜产品的包装。铝箔包装的主要材质是铝，是一类绿色环保的包装材料，可以回收和循环利用。随着预制菜产业的扩大，铝箔材料将会有巨大的发展空间。

（三）电镀锡薄钢板材料

有些预制菜产品不易保持形状的完整性，对包装有特殊的要求。如即食的灯影牛肉，其牛肉片薄且酥脆，容易碎裂，选择合适的包装尤为重要。常温预制菜除了采用铝箔袋和真空蒸煮袋等软包装外，也可采用罐头包装。预制菜罐头包装材料大多数采用的是电镀锡薄钢板，俗称马口铁，是在冷轧低碳薄钢板上镀一层锡而制成，是国际上用量最大的一种金属包装产品。马口铁罐头具有不易开裂变形、导热性能好、便于携带等优点。在杀菌时，马口铁罐头所需的时间短，且在温度发生急剧变化时，不会轻易发生破裂，但马口铁包装的成本较高，提高了产品的价格。长时间贮藏罐头制品可能会出现如重金属、双酚A等迁移的潜在安全隐患，需加强新型材料的开发力度。大多数消费者认为罐头中防腐剂较多，而罐头却是少数不需要添加防腐剂或防腐剂添加量较少的食品之一。目前，有些肉类预制菜产品采用了马口铁罐头包装，如红烧肉、红烧肥肠、梅菜扣肉和粉蒸排骨等产品，在加工过程中不用额外添加防腐剂。

（四）其他材料

除了传统的包装材料外，有些预制菜产品还采用了覆膜铁包装材料，是一种在镀铬/锡的铁表面贴合高分子薄膜而形成的复合材料。它具有较强的抗腐蚀性，安全性更好，能够较好地保持菜品味道和减少食材营养损失。新型的包装材料聚乳酸（polylactic acid，PLA），具有良好的安全性和可降解性，通常被认为是最有发展前景的生物塑料材料。目前，有很多包装企业推出了PLA环保预制菜包装，可以更好地降低能量消耗和减少塑料污染。

二、包装技术

包装可以使预制菜产品免受外界环境的污染，保护产品的外观和质量。包装材料的研制和开发是预制菜包装发展变化的基础，包装技术的发展对提升包装材料对预制菜产品的保护效果起着非常关键的作用。

(一)防潮包装技术

防潮包装技术是为了维持包装内部的水分含量,使其不因外部水分含量发生改变的一种技术,可使包装内的湿度满足产品要求,保护内装食品的质量,此技术一般靠选择合适的包装材料或吸潮剂来实现。虽然阻隔性最好的是玻璃、陶瓷和金属,但出于预制方便食品包装轻量化和便捷性的需求,最常用的是聚乙烯、聚丙烯、聚酯、聚偏二氯乙烯、防潮玻璃纸等塑料包装。这些材料可单独使用,也可通过多种材料制备复合材料来满足阻隔性要求较高的场合,复合材料的防潮性能是各层薄膜防潮性能的总和。水蒸气透过包装材料的速度,一般符合菲克定律,可通过确定塑料薄膜的实际透湿度来确定合适的包装材料。加入吸潮剂的防潮方式可根据产品需求来计算吸潮剂用量。为了达到较好的防潮效果,一般要求包装内部顶隙空间较小,包装材料的透水性较低。

(二)真空包装技术

真空包装技术是指在产品密封后去除包装袋中空气的技术。在抽真空的过程中,包装袋中的氧气体积分数急剧降低97%~99%,抑制了导致产品变质的好氧微生物的增长,且氧气体积分数的降低也抑制了产品的氧化,适用于熟食、加工肉类和鱼类产品。目前,大多数预制菜也采用了真空包装,经过真空包装后的产品便于运输,节省了空间,符合预制菜操作方便和干净卫生的特点。真空包装的主要作用是除去产品中的氧气,抑制微生物的生长繁殖,再结合冷冻、冷藏和高温灭菌等技术进一步保障了产品的品质。冷冻类预制菜在加工包装好之后,通常需进行低温速冻、冷藏储存。在低温环境下,食物的营养流失速度会大大降低。真空包装结合冷链运输可减少预制菜被细菌污染和营养流失的可能性。采用真空包装的预制菜产品,经过高温灭菌处理后,一般保质期在6个月以上,可以在常温下存储。

(三)真空贴体包装

真空贴体包装是一种新型的真空包装技术,其操作技术与真空包装相似,在加热和施加真空条件时,将食品放在塑料托盘上,用高延展性的塑料阻隔膜覆盖,从而形成第二层"皮肤"。在真空贴体包装中,塑料薄膜紧贴食品,减少了除氧气以外的所有顶部空间,包装内残氧更低,比真空包装的保存期更长。真空贴体包装限制了产品汁液的渗出,有助于减少微生物增殖和延长产品保质期。真空贴体包装在食品行业得到了广泛应用,很多切片产品和熏鱼片会使用真空贴体包装。真空贴体包装适用于冷冻食品,因为第二层"皮肤"可防止产品表面形成冰晶,从而防止冷冻灼伤和脱水的情况发生。真空贴体包装给预制菜产品的包装带来了便利,透明薄膜紧贴着产品,凸显产品的外观形状,方便展示和保存。

(四)气调包装技术

气调包装又称气调保鲜包装,指将产品密封在包装系统中的技术,在第四章我们已经进行了介绍,这里简单对其进行描述。该包装系统改变包装环境中的气体成分,通过降低呼吸速率延迟复杂底物的酶降解,有助于延长产品保质期。气调包装在保持各种新鲜农产品的质量方面发挥着重要作用,给原料的储存和分配以及食品的营销带来了重大变化,是适用于农产品和食品较成功的保存技术之一。气调包装的缺点是产品保质期相对较短,需要在冷藏条件下才能更好地保持质量。选用气调包装的酱卤肉制品,会存在容易滋生微生物、货架期短的问题,以及易存在防腐剂滥用的现象。近几年来,随着技术的不断改进,气调包装的缺点也得到了解决,许多研究者将气调包装与其他技术相结合,改善了预制菜产品的保鲜效果(表5-1)。

表5-1 气调包装联合其他技术对预制菜产品的保鲜效果

联合技术	研究对象	保鲜效果
紫外杀菌	卤鸡爪	紫外杀菌能使产品的货架期从小于12d延长至14d,且不影响产品的感官风味
微波杀菌	即食芦笋	在4℃下可以储存30d,并有效保持了芦笋品质和感官特性
低温	鲜切胡萝卜	在低温(4±1)℃下结合气调包装处理,有效地保持了鲜切胡萝卜的品质,在贮藏15d后,仍有商品价值和食用价值
电子束辐照	酱鸭脖	电子束辐照和气调包装联合处理能更有效地维持酱鸭脖的理化稳定性,并将货架期延长至30d
超声波	酱鸭	超声波处理结合气调包装可以有效抑制微生物生长和防止食物变质,在4℃冷藏条件下,延长酱鸭货架期至28d以上
生物保鲜剂——茶树精油	烤鸭	精油处理可抑制多种优势微生物的生长,可延长烤鸭货架期7d
低温等离子体杀菌	狮子头	抑制微生物生长,保持狮子头的品质,将产品货架期延长至14d
微冻	羊肉	−3℃微冻气调包装对宰后羊肉的有效保鲜时间达40d
天然添加剂和非热加工技术	罗非鱼鱼片	富含多酚的槟榔叶乙醇提取物的脂质体可与气调包装和低温等离子体一起使用,能够使罗非鱼鱼片在4℃下储存长达12d

(五)活性包装技术

活性包装技术是通过在食品包装材料中添加活性功能成分或直接将活性物质同食品一起封装在包装内的形式,使包装系统具备吸附、脱氧、抗菌等功能。在脂肪和油脂氧化初级阶段,过氧化物降解形成醛类物质,如己醛和庚醛等,这些醛类物质可以被活性包装清除。杜邦公司推出了一种去除顶隙内醛类的薄膜产品,已被应用于快餐食品、谷类食品、乳制品、禽类产品和水产品中。脱氧剂可通过合理剂量的活性物质来彻底清除包装内的氧气，弥补了真空或气调包装去氧不彻底的缺点。常用的脱氧剂有亚硫酸盐系、铁系以及葡萄糖氧化酶等。每种脱氧剂的脱氧速度区别很大，亚硫酸盐系脱氧剂属速效型，铁系脱氧剂属缓效型，可根据不同的脱氧需求进行选择。脱氧剂需在有一定水分的环境中使用，但是被包装物的含水量也不能过高，会影响吸氧效果，被包装物的含水量一般不应超过70%。对于体积和形状固定的包装容器，其包装材料需具备一定的强度，以避免脱氧后氧气消耗产生负压所带来的破坏；也可选用能产生二氧化碳的脱氧剂，或结合气调包装来避免包装收缩带来的外观影响。抗菌包装是在包装材料中加入抗菌物质，通过接触或迁移实现抗菌功能。抗菌剂一般有化学型、生物型以及天然型等。目前已有大量研究者对抗菌包装材料进行研究，但由于抗菌剂的活性会在与高分子包装材料熔融挤压时遭到破坏，能够商业应用的还比较少。此外，纳米包装材料具有许多优良特性，这使得纳米抗菌材料在食品包装领域得到了大力发展。但目前国际上还没有对纳米材料的安全性问题进行系统全面的评价，因此纳米抗菌材料的研究还需继续探索。

广义的活性包装技术指在食品包装过程中增加某些调节剂来调节贮藏过程中被包装食品的微环境，如除氧剂、二氧化碳吸收/释放剂、水分吸收剂、乙烯吸收剂、乙醇排放剂、风味释放/吸收剂等来达到保鲜目的。狭义的活性包装技术则主要指采用天然可降解性生物基包装材料以及添加一些具有抗氧化性、抗菌性的生物活性物质来提高食品贮藏品质和货架期的包装技术，通过全部或者部分替代传统的包装材料。活性包装技术不仅能保证食品的品质和货架期，而且降低了包装材料使用后对环境的污染。目前研究比较多的活性包装基材为多糖类（纤维素、果胶、淀粉、壳聚糖）、脂类（脂肪和蜡）、蛋白质类（胶原蛋白、酪蛋白和乳清蛋白等）和生物合成多聚物（聚乳酸、聚己内酯、聚乙醇等）。它们不仅具有生物相容性、生物降解性和无毒性的特点，而且具有较好的成膜性、机械性、阻氧性、抗菌性和抗氧化性等，能够达到食品包装的要求。不同活性包装系统如图5-1所示。

（六）智能包装技术

预制菜智能包装技术指采用对环境因素具有"识别"和"判断"功能的材料对预制菜进行包装的技术，它能够识别和显示包装空间的湿度、压力、pH、微生物等重要参数。通过利用特殊化合物和传感器监测预制菜在贮藏期间发生的物理、化学和生物学变化，包括pH、二氧化碳含量、生物胺含量等对包装产生刺激时，通过颜色变化来反馈食品的新鲜程度和安全性。例如，预制菜贮藏过程中由于微生物分解导致食品pH的改变，通过智能包装中含有的花青素的视觉色彩发生变化给消费者真实地反馈预制菜食品的新鲜度，保障消费者的知情权。此外，通过将生物传感器结合到预制菜包装材料中，通过生物反应器（纳米金颗粒、酶、抗体、抗原等）与目标微生物之间的相互作用，带来如颜色等信号的改变，从而快速地反映出食品被微生物污染的情况，让消费者了解食品的新鲜程度，保证预制菜食用安全性。

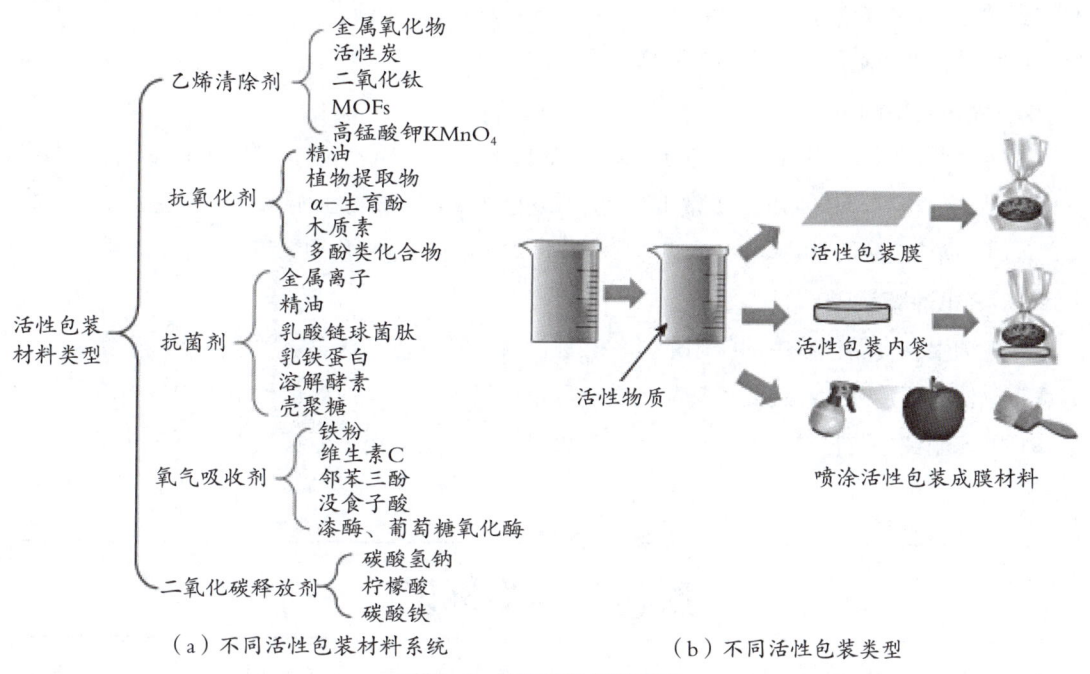

图5-1 不同活性包装系统

智能包装还可有助于改进食品的危害分析及关键控制点（HACCP）、质量分析与关键控制点（QACCA）等安全体系，即开发现场检测发现不安全食品，确定潜在的健康危害，并制定减少或消除其发生的策略。它还有助于识别强烈影响食品质量属性的过程，并有效地提高最终的食品质量。因此，智能包装系统主要包括传感器、指示器和识别反馈系统，如射频识别技术（RFID）和近场通信技术（NFC）等。智能包装系统如图5-2所示。目前对智能包装的研究还不够完善，但是随着智能包装材料的多元化、机理研究的不断深入以及智能系统的不断完善，智能包装在预制菜领域的应用将得到快速发展。具体包括以下几种材料。

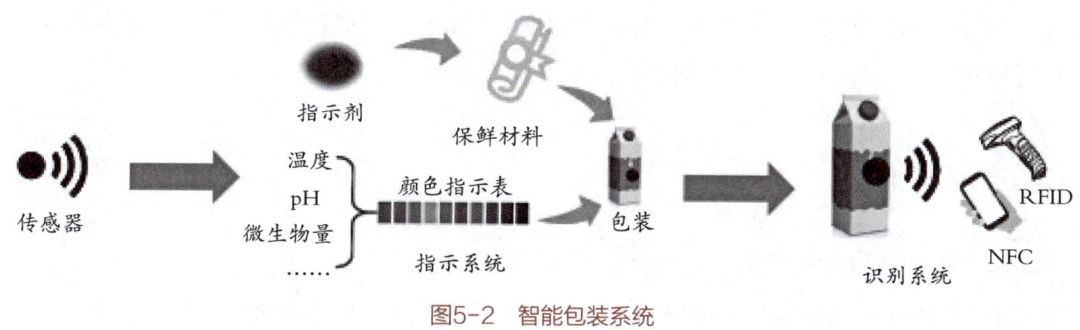

图5-2 智能包装系统

1. 变色材料

该材料是指随着环境温/湿度、光照、气体、时间的变化或与微生物新陈代谢发生反应而改变颜色的新型材料，可有效解决食品安全、警示、促销等问题。还可通过受力即改变颜色的包装材料来提示消费者产品被开启过。

2. 变色防伪油墨

将防伪印刷油墨应用到包装材料上，会在光照、温湿度、压力等条件改变时改变颜色，具有方便识别、防伪特征明显的特点。常用的有光敏变色油墨、热敏变色油墨、湿敏变色油墨、压敏变色油墨、防涂改防伪油墨等；按变色方式的差异又可分为可逆变色油墨和不可逆变色油墨。

3. 导电油墨

导电油墨在食品包装中的应用最具代表性的就是赋予包装材料射频识别功能，使食品具有可识别性、可追溯性，提高了食品的安全质量。另外，导电油墨也可用于制备超薄柔软电池，将其印刷到包装材料上可为产品包装提供电源，使产品包装能够开发出更多功能。

第二节 预制菜标签标识

近年来，预制菜因其便捷度高而受到人们的广泛关注。但由于该系列产品在我国的研究尚处于起步阶段，检验标准体系尚不完善，使得企业标签标识存疑较多，产品标识混乱，给监管部门甚至预制菜行业的发展带来了极大困扰。标签作为外界了解产品的直观载体，具有十分显著的意义。本节根据食品标签标识相关国家标准和红头文件，对预制菜标识的内容逐一进行了解析，并针对监管部门、消费者、标准制定部门、生产者等方面存在的问题进行分析。

一、法律法规和规章

预制菜由《中华人民共和国食品安全法》《中华人民共和国标准化法》《中华人民共和国消费者权益保护法》《中华人民共和国产品质量法》和《中华人民共和国反不正当竞争法》等法律法规和部门规章如《食品营养标签管理规范》《食品标识管理规定》《定量包装商品计量监督管理办法》《新资源食品管理办法》等共同规范。

二、产品标准

预制菜产品常见的执行标准有DB50/T 1341《预制菜产业园区建设指南》、DB50/T 1342《预制菜生产加工行为规范》、DB1306/T 201《预制菜分类》、T/JCIA 0021《预制菜点质量评价规范》、T/LYFIA 034《预制菜加工技术规范》或企业标准。产品标准中除有其他标示要求外（如GB 7101中4.1及4.2），其他要求一般都按照GB 7718《食品安全国家标准 预包装食品标签通则》及GB 28050《食品安全国家标准 预包装食品营养标签通则》执行。

三、预制菜产品标签标示内容

根据强制性食品安全国家标准GB 7718及GB 28050要求,直接向消费者提供的预包装产品标签标示应包括食品名称、配料表、净含量和规格、生产者和(或)经销者的名称、地址和联系方式、生产日期和保质期、贮存条件、食品生产许可证编号、产品标准代号、营养标签及其他需要标示的内容。

1. 食品名称

食品名称应是能反映食品真实属性的专用名称,要标注在食品标签的醒目位置。比如,有生产企业标注"米粉",但"米粉"术语包含的产品种类很多,其并不能体现该产品的属性,应根据实际标示为"桂林半干米粉"。

2. 配料表

预制产品的配料表可以以"配料""配料表""原料"或"原料与辅料"作引导词。各种配料按制造或加工食品时加入量的递减顺序一一排列。有的预制菜产品原料多达上百种,常遇到的问题有:标识不具体,未将所有的原料一一排列,用"等"概括;未按照国家相关规定标示其他内容;使用购买的半成品复合原料,未展开标示复合产品的原料;有的在产品标签上强调"益生菌",但却未标示其添加量或含量,依据GB 7718中4.1.4.1的规定"如果在食品标签或食品说明书上特别强调添加了或含有一种或多种有价值、有特性的配料或成分,应标示所强调配料或成分的添加量或在成品中的含量"。

3. 净含量和规格

净含量的标示由净含量、数字和法定计量单位组成,固态产品应用质量克(g)、千克(kg)标示,液态产品用体积毫升(mL)、升(L)标示,与食品名称在包装物的同一版面展示。净含量字符高度和计量单位依据产品的质量体积范围不同而要求不同,具体按照GB 7718表2和表3执行。此外,同一预包装内含有多个单件预包装食品时,大包装在标示净含量的同时还应标示规格,标示形式参见GB 7718附录C。

4. 生产者和(或)经销者的名称、地址和联系方式及其他

食品标签应当标注生产者的名称、地址和联系方式。对于分装食品,应根据《食品标识管理规定》第八条(四):分装食品应当标注分装者的名称及地址,并注明分装字样。

对于委托加工产品,应标示委托单位和受委托单位的名称和地址;或仅标示委托单位的名称和地址及产地,产地应当按照行政区划标注到地市级地域。实际中,有的生产企业标注的企业名称和生产许可证上的名称不一致,如证书上名称为"某市某区某地",实际上却标注为"某市某地",有的生产企业的生产厂区和企业注册地址不在一个地方,该情形下需要标注产地。

5. 生产日期和保质期

食品标签应当标注生产日期和保质期,生产日期标注格式按照GB 7718附录C执行。有

的企业执行自己制定的企业标准,按照标准的储存条件保质期为2年,但标签上却标注为1年,此类错误比较隐蔽,但反映出的问题却不容忽视,原因可能是:粗心导致标识错误,企业需加强对标签的审核;产品不合格,保质期不能满足标准要求,需要立即召回不合格产品,分析查找原因。有的写着生产日期"见产品包装",标示不规范,没有标明具体位置,应标示为"见包装某部位"。

6. 贮存条件

预包装食品标签应标示贮存条件。贮存条件应当清晰明确。如"未开启前,无须冷藏"为不规范标注。

7. 营养标签

预包装食品营养标签包括营养成分表、营养声称和营养成分功能声称。营养成分表除豁免情况外要强制标示,而营养声称和营养成分功能声称可以选择性标示。营养成分表通常以"方框表"形式表示,强制标示的内容包括能量、核心营养素的含量及其占营养素参考值(NRV)的百分比。常见问题有:标注核心营养素以外的营养素时,未采取适当形式使能量和核心营养素的标示更加醒目,如可以将核心营养素字体加粗或者字体放大;蛋白质、脂肪、钠的修约错误,很多食用酵素产品的蛋白质、脂肪和钠含量小于等于"0"界限值,但实际并未标示为"0";能量值出现逻辑错误,能量数值小于蛋白质、脂肪、碳水化合物的供能,如某酵素能量值为33kJ,蛋白质和脂肪含量均为"0",碳水化合物为2.1kJ,根据能量的计算公式,产品能量值至少应大于等于35.1kJ;食用酵素产品包装物或包装容器最大表面积大于35cm^2时,营养成分表中数字和单位的高度不足1.8mm。

8. 食用方法

根据产品需要,可以标示食用方法等对消费者有帮助的说明。如标示"微波复热"等字眼。

第三节 预制菜贮藏、运输与供应链管理

一、预制菜贮藏

预制菜中的不同配料需要根据不同的特点来决定其贮藏条件,因此其贮藏条件不一定一致。一般来说,下列因素会影响不同配料的贮藏条件。

(一)温度

温度是影响食品质量和安全的重要因素,不同的食物需在不同的温度条件下储存,以延

长其保质期。

（二）湿度

部分蔬菜和水果对湿度较为敏感，如果湿度过高会加速微生物的生长繁殖，促使它们腐烂，因此需要采取相应的处理方式控制湿度。

（三）氧气

氧气是促进食品腐败变质的一种关键物质，在真空包装的食品中，要尽可能地减少氧气的含量。

（四）其他因素

食品的酸碱度、气味、颜色等因素也可能影响其贮藏条件。考虑到不同配料的特点和需要，应根据其自身属性来确定其贮藏条件，如在温度、湿度、氧气等方面进行不同的处理。因此，不同配料的贮藏条件并不一定完全一致，而要根据其特点和要求来分别处理。

二、预制菜运输

（一）控制温度

在预制菜的运输过程中，控制温度是保持食品新鲜度的关键。通常情况下，预制菜需要在低温条件下运输，这可以通过使用冰块、制冷车辆和温度控制仪器等手段来实现。运输前，将预制菜放入密封的保鲜袋或容器中，并加入适量的冰块来降低温度，同时在运输过程中定期检查温度。

（二）使用合适的包装材料

选择合适的包装材料，也是预制菜保鲜运输的一大关键。常见的包装材料包括密封袋、保鲜盒、保鲜膜和保鲜纸等。保鲜材料应具有良好的气密性、防水性和抗菌性能，以最大程度地减少食品的受污染和氧化程度。

（三）选择合适的运输方式

选择合适的运输方式也是预制菜保持新鲜度的关键。在短距离运输中，使用专业配送服务更加方便，而在长距离运输中，则需要选择专业的物流运输公司。在物流运输过程中，合理规划路线，确保运输途中的车辆和工具的卫生情况，可以进一步减少产品污染和微生物滋生的概率。

综上所述，预制菜如何保鲜运输，关键在于控制温度、选择合适的包装材料和运输方式。在预制菜的制作和配送过程中，特别需要注意食品卫生和安全，以确保消费者获得新鲜、美味的食品。

三、预制菜供应链管理

（一）加快培育预制菜肴全产业链

1．延长预制菜肴全产业链，促进预制菜产业加快发展

围绕特色优势产业、非物质文化遗产，纵向贯通上游供应链、中游生产企业、下游餐饮及新零售企业，横向组建产业联盟、行业协会，打造一批创新能力强、产业链条全、食品安全可控的预制菜全产业链。重点围绕生产、营销等龙头企业，培育一批在全国乃至全球有影响力的预制菜产业链"链主"企业。

2．创建预制菜产业示范园

依托现有的预制菜园区，集中打造各大地区预制菜产业示范园区，带动本区域预制菜产业高质量发展。加快细化落实预制菜产业发展优惠政策，推动预制菜企业、产业链上下游配套企业集中入园集群化发展，确保园区内各企业政策同享。支持预制菜产业园纳入省级现代农业产业园项目。

3．拓宽预制菜品牌营销渠道

依托各类农产品、餐饮品牌活动，组织筹办国内外专场推介活动。支持预制菜知名品牌产品进学校、园区、医院、社区等食堂。以中华老字号、非物质文化遗产等为基础，加强预制菜品牌宣传推广，打造一批驰名中外的预制菜品牌。依托第五代移动通信技术（5G）、大数据等新一代信息技术，结合康养、文化、医疗等，构建智能化、个性化、定制化预制菜产销体系，推动升级农业4.0。

（二）构建行业标准体系，确保预制菜产业有序发展

1．建设预制菜全链条标准体系

鼓励预制菜产业纳入标准化政策扶持范围，开展预制菜全产业链标准体系建设试点，制定系列团体标准、企业标准。制定预制菜加工技术规范、预制菜分类标准、预制菜术语定义、预制菜品质评价检测、发酵蔬菜安全卫生等通用要求，逐步完善预制菜从农田到餐桌系列标准。

2．成立预制菜生产企业、冷链企业等行业协会

支持成立预制菜行业协会，以及生产、冷链、销售等细分行业协会。支持行业协会制定预制菜产业园建设指南、中央厨房建设指南、预制菜包装、预制菜冷链物流等行业标准，推进预制菜产业标准化、规模化、有序化发展。鼓励金融机构、技术机构加入预制菜行业组织，深度合作。充分发挥行业协会在科技研发、产品创新、市场推广、政企沟通等方面的作用。

3. 加强预制菜全链条质量安全监管

制定预制菜食品安全地方标准，建立守信联合激励、失信联合惩戒制度，建立预制菜企业黑白名单。定期开展第三方抽检，严厉打击"黑作坊"。建立预制菜重点原料基地备案制度。建立预制菜供应链常态化质量安全评估体系。建立预制菜市场准入、产品溯源等制度，提升全链条质量安全保障水平。

（三）完善产业支撑体系，提高预制菜产业竞争力

1. 建设联合研发平台，强化技术支持

支持高等院校、科研院所、老字号餐饮企业、农业龙头企业及行业协会建立预制菜联合研发平台。以企业为主体开展关键核心技术的产、学、研联合攻关，支持建设预制菜研发重点实验室、技术研发中心。鼓励预制菜相关企业、园区自建研发平台，围绕健康调理、户外活动等消费新热点，开展预制菜原料半成品加工与贮存、功能性预制菜（药膳）、新形态、新品类、营养等相关研究。设立预制菜生产加工、仓储、冷链物流等科技成果转化专项。推动各省具有食品加工科研基础的院校，在预制菜设备、包装、菜品保鲜等方面的科研成果，在省内就地转化。

2. 推动预制菜仓储冷链物流建设

培育全国知名冷链物流企业，切实解决冷链物流企业用地难、融资难、车辆通行难问题。组织引领仓储冷链物流企业与预制菜生产企业对接，共建共享供应链设施，培育一批跨区域的预制菜仓储冷链物流龙头企业。高标准建设国家骨干冷链物流基地，推动各省纳入全国骨干冷链物流网络体系。构建骨干冷链物流基地、冷链物流骨干通道、两端冷链物流设施、专业化冷链物流服务等全面提升的预制菜流通体系。

3. 培养预制菜产业人才

鼓励国家级、省级烹饪大师参与开发推广预制菜。鼓励职业院校、高等院校增设相关专业课程，建设预制菜人才实训基地。发挥餐饮企业、行业协会等社会力量，组织开展预制菜生产、电商直播、市场营销、物流配送等职业技能人才培训、职业技能评价。支持预制菜专业人才纳入各级人才引进政策。设立专项人才资金，引进一批预制菜研发、制作等专业人才，在购房补贴、科研配套经费、重大项目申报、科技成果转化、专业技术职称评定等方面给予支持。

（四）强化细化配套措施，优化预制菜产业发展环境

1. 加强组织，协同发力

成立预制菜产业发展工作推进领导小组，统筹谋划各省预制菜产业发展。建立省级预制菜产业发展工作联席会议制度，研究协调重大事项，组织讨论重要政策，总结推广经验做法。细化工作举措，严格按照任务分工抓好责任落实。出台一套支持预制菜产业发展的政

策、设立一个预制菜产业发展基金、打造一批预制菜产业示范园区、成立一个预制菜科学研究院所、设立一批预制菜科研专项、培育一批预制菜全产业链、打响一批预制菜品牌。

2. 强化规划，高效统筹

编制预制菜产业发展规划，依托特色优势农产品基地、一县一业、食品工业园，合理布局预制菜产业。科学统筹，因地制宜，有序推进全省预制菜产业发展。统一布局全省预制菜原材料供应基地、预制菜加工产业园区、预制菜冷链物流基地，精细策划一批重大项目。切实加强规划的执行与监督、监测与评估。支持建设地方特色预制菜美食文化城（街），筹划各类预制菜展示、展销活动。以预制菜"链主"企业、园区为基础，推进预制菜科普基地建设，建设线上线下联动的预制菜产业体验中心。

3. 创新机制，筑牢支撑

加大财政支持力度，设立专项扶持资金。支持商务、农业、科技等职能部门设立预制菜产业发展专项项目。对主导制定预制菜领域国家标准、行业标准的企业，给予奖补支持。鼓励国有企业参与设立预制菜产业投资基金，切实发挥基金在招商引资中的推动作用，引进国内外预制菜知名企业落地。加大金融支持力度。鼓励银行、信托、担保、融资租赁等对预制菜企业提供融资支持，切实降低企业融资成本。鼓励保险机构推出预制菜产品、订单农业等专项保险业务。不断完善配套政策，切实保障设施农业、农产品精深加工、冷链仓储、电商物流等的用地需求。

4. 加大宣传，开放合作

充分利用主流媒体和现代融媒体平台，广泛宣传预制菜产业发展政策，积极正面引导消费观念、消费习惯。做好特色企业、优质品牌的市场宣传，讲好预制菜故事，为预制菜产业高质量发展营造浓厚的舆论氛围。推动预制菜走向国际市场。借助丝博会等平台持续推广地方菜，举办全国预制菜展会和高峰论坛，促进预制菜高质量发展。培育预制菜出口企业，探索建立服务团队指导预制菜出口通关。鼓励预制菜企业到境外建立加工基地，拓展国际市场。增强预制菜原料全球采购能力和产品全球营销能力，助推预制菜"走出去"。

> **思考题**
>
> 1. 预制菜常用的包装材料有哪些？
> 2. 预制菜包装上应具备哪些基本信息？

第六章 CHAPTER 06
预制菜的食品安全控制

本章导学

俗话说,"食以安为先",食品安全历来都是民众密切关注的社会问题。2023年9月,"预制菜进校园"引起了社会的热议,问题的关键在于家长们对于预制菜是否符合食品安全标准、是否营养健康、是否能够满足学生的生长发育以及对预制菜的生产和运输如何监管存在质疑。目前预制菜还没有统一的标准体系、认证体系、追溯体系等有效监管机制,缺少专门针对预制菜的技术规范和生产操作规程,存在一定的食品安全隐患,如何对预制菜进行食品安全控制是需要持续关注的问题。

学习目标

1. 了解预制菜产业存在的食品安全问题。
2. 理解区块链技术在食品安全管理中的应用。
3. 理解并掌握食品安全管理体系的应用。

第一节
预制菜的食品安全问题

一、常见的食品安全问题

（一）食品污染

1. 生物性污染

食品的生物性污染包括微生物、寄生虫和昆虫的污染。微生物污染主要有细菌及其毒素、真菌及其毒素以及病毒等的污染，其中细菌及其毒素、真菌及其毒素对食品的污染最常见、最严重。近年来病毒污染食品安全事件也日益受到人们的关注，如轮状病毒、诺如病毒、甲型肝炎病毒和禽流感病毒、新型冠状病毒等。寄生虫及其虫卵污染主要是指病人、病畜的粪便通过水体或土壤间接污染食品或直接污染食品，常见有蛔虫、绦虫、华支睾吸虫卵及旋毛虫卵等。昆虫污染主要有粮食中的螨类、蛾类、甲虫以及动物食品中和某些发酵食品中的蝇、蛆等。

2. 化学性污染

食品的化学性污染涉及范围广，来源种类多。主要包括：①农药兽药不合理使用，残留在食品中；②工业"三废"（废水、废渣、废气）排放，造成有毒金属和有机物污染环境，继而转移至食品，如铅、砷、镉、汞、酚等；③食品接触材料、运输工具中的化学物质，在接触食品时转移至食品中；④滥用食品添加剂或使用不符合卫生要求的食品添加剂；⑤食品腌制、烟熏及高温烹调类食品中产生N-亚硝基化合物、多环芳烃、杂环胺、丙烯酰胺等；⑥掺杂、掺假过程中加入的物质，如在乳粉中加入三聚氰胺。

3. 物理性污染

食品的物理性污染主要有：①食品的异物污染，来自食品生产、加工、贮藏、运输、销售等过程中的污染物，如粮食收割时混入的草籽、液体食品容器中的杂物、食品运销过程中的灰尘、沙石，畜禽肉中混入的皮毛、羽毛等；②食品的放射性污染，主要来自放射性物质的开采、冶炼、生产、应用及意外事故造成的食品污染。

（二）食品欺诈

食品欺诈（food fraud）是为牟取经济利益，而有意替换、添加、篡改或误传食品/饲料、食品/饲料配料或其包装、标签、产品信息以及对产品作出的虚假或误导性陈述的统称。食品欺诈涵盖各种有关食品的故意欺诈行为，范围广泛，但在食品安全管理体系中，仅讨论"经济利益驱动的食品掺假"。

食品掺伪包括掺假、掺杂、伪造。掺假是指人为地、有目的地向食品中加入一些非所固有的成分，以增加其重量或体积，而降低成本；或改变某种质量，以低劣的色、香、味来迎合消费者贪图便宜的行为。掺杂是指向粮食食品中非法掺入非同一类或同种类的劣质的物质，如糯米中掺入大米。伪造是指人为地用一种或几种物质进行加工仿造，而后冒充某种食品在市场销售的违法行为，如用工业酒精兑制白酒。

二、预制菜的食品安全问题表现

预制菜的蓬勃发展给行业带来了巨大机遇，同时也面临着很大的挑战，其中预制菜的食品安全是最为重要的一个方面。如表6-1所示，由于预制菜企业生产规模和发展水平参差不齐，原料选购、加工方法、工厂卫生条件、包装方式、贮存环境、杀菌技术等不同，使预制菜存在很大的安全隐患。对于预制菜中的即食菜，虽然已完成杀菌熟制，开封后即可直接食用，但其隐藏的卫生安全风险最大，主要表现在菌落总数、致病菌超标等。

表6-1 预制菜的卫生安全风险

生产阶段	预制菜卫生安全风险
生产许可环节	行业呈现"大行业小公司"的特点，预制菜生产商多为中小型企业或个体户，其中不乏小作坊式生产。预制菜产业的准入门槛相对较低，导致一些企业在未经过严格审批的情况下便进入市场。这些企业可能缺乏必要的资格证书，甚至完全没有相关资质，从而影响了预制菜的质量，增加了食品安全风险
原料来源	使用劣质或不达标的原料，如禽畜脱毛不彻底，就会产生毛类异物；水产品原料中出现网线、鱼钩、鱼骨刺等异物；蔬菜中重金属、农药、消毒剂超标；原料储存条件不恰当造成原料腐坏等
加工环节	为了改善口味或延长保质期而过量添加或使用非法添加剂；未按照规定要求进行加工生产造成食品污染，针对干菜类，如木耳、银耳、茶树菇等要先进行泡发；对酸菜、腌制类食品要进行浸泡冲洗；对生肉、水产类要进行解冻、腌制。以上操作对温度和时间都有严格的要求，稍有不慎会引起食源性致病菌的污染，特别是细菌性致病菌危害
贮存与运输环节	为了降低生产成本，一些企业可能会选择传统的仓储和运输方式，而非专业的冷藏设施。这种做法可能在短期内降低了费用，但无法保证产品在储存和运输过程中的环境稳定性，容易导致食品新鲜度下降，引发质量问题，增加食品安全风险
销售环节	预制菜包装材料多为塑料，如塑料袋或塑料杯，生产日期等主要通过印码、喷码或贴标签的方式标识，经过喷淋式、浸泡式杀菌或冷冻后会出现字迹模糊、标识不全或标签黏性不强而脱落等现象，经过装箱和后期的物流运输，产品相互摩擦会加剧此类问题的出现。如果管理不当还会出现错喷、漏喷生产日期等标识问题，因此预制菜产品标识问题在食品安全投诉中占有较高的比例

从全面质量管理理论中"人机料法环"五个方面来进行分析，预制菜食品安全问题的表现如下。

（一）人

主要涉及人员管理和培训不足。这包括未能正确使用和操作设备，不正确的加工方法，以及缺乏对食品安全标准的了解。在加工过程中，操作人员没有进行手部卫生处理，使用脏污的砧板和刀具，可能会导致食品受到细菌、病毒或寄生虫等生物性污染，或产生化学性和物理性污染。因此，要严格按照卫生要求进行操作，使用干净的工具和设备，并加强员工的卫生培训。

（二）机

涉及设备维护和清洁不足。如果设备没有得到适当的维护和清洁，可能会产生物理性污染，如金属碎片或杂质，或者化学性污染，如残留的化学物质或细菌。

（三）料

主要涉及原材料的问题。使用劣质原料是造成预制菜安全问题的主要原因之一。为了降低成本，一些不法商家往往会使用过期食材、加工品质低劣的原料甚至是含有化学添加剂的食材进行生产。如果使用了质量不佳或受到污染的原材料，可能会导致食品出现生物性、化学性或物理性污染。此外，如果原材料没有得到适当的储存和保护，也可能会导致食品污染。

（四）法

涉及不正确的加工方法或不严格的食品安全标准。例如，在预制菜的生产过程中，如果使用了不正确的烹饪方法，可能会导致食品出现化学性污染或营养不均衡。预制菜食品中常常使用一些添加剂来增加口感和延长保质期，但如果使用不当，就会对食品安全造成威胁。例如，一些添加剂可能含有致癌物质或过量使用会导致过敏反应。因此，制作预制菜食品时要选择安全、合格的添加剂，并严格按照规定的用量使用。预制菜食品的包装也是保证食品安全的重要环节，如果包装不合格，就会导致食品受到外界污染。例如，包装材料中可能含有有害物质，或者包装不严密导致食品受潮变质。

（五）环

主要涉及环境卫生和储存条件的问题。如果环境卫生不良或储存条件不当，可能会导致食品受到生物性、化学性或物理性污染。预制菜食品在运输过程中可能面临一些风险，例如，温度过高或过低、振动和挤压等。这些都会导致食品的质量下降和细菌滋生。在运输预制菜食品时要选择合适的运输方式，并确保运输过程中的温度和湿度控制。

在上述卫生安全表现中，食品的交叉污染是最易出现的问题。一些原材料带有的微生物，在屠宰或加工现场的交叉污染以及预制菜自加工环境的交叉污染。原料带有的微生物污染只是微生物污染的一小部分，预制菜在加工、生产、运输过程中均有可能被微生物污染，比如工厂设备设计的不足，造成了设备清洗或者消毒留有死角，工厂缺乏卫生屏障和人员流动，这些因素都有可能造成预制菜在处理、包装等过程中被微生物污染。很多预制菜的加工或者运输销售过程都需要冷链系统的辅助，但是由于工厂或者设备的卫生措施实施不到位也会引起被微生物污染的危险，比如制冷温度不足和因冷风产生的冷凝水滴在产品上，从而引起烟熏三文鱼被单核细胞增生李斯特菌污染的事件。单核细胞增生李斯特菌具有在低温下繁殖的能力以及为保护其生存而形成生物被膜的能力，这些因素使其在食品加工环境中或者随着食品的贮藏而持久存活的机会，单核细胞增生李斯特菌目前仍然是即食食品、熟肉、鱼产品以及乳制品加工企业的主要挑战。

第二节 食品安全快速检测技术

一、食品快速检测技术概述

食品安全问题主要有害污染物有：①农药，化肥：有机磷、有机氯、硝酸盐；②兽药：兴奋剂、镇静剂、抗生素；③重金属离子：镉、铅、汞、铬；④生物毒素：黄曲霉毒素、呕吐毒素、肉毒毒素；⑤致病菌：大肠杆菌、沙门菌、葡萄球菌等。⑥放射性元素：氡-226（^{226}Rn）、钾-40（^{40}K）、铀（U）、钚（Pu）、镭（Ra）等。

快速检测技术是指包括样品制备在内，能够在短时间内出具检测结果的行为。通常认为，理化检验方法一般在2h内能够出结果的即可视为快速方法；微生物检验方法与常规方法相比，能够缩短1/2或1/3时间出具具有判断性意义结果的方法即可视为快速方法；现场快速检测方法一般在30min内能够出结果，如果能够在十几分钟内甚至几分钟内出具结果的即是较好的方法。其不仅可以弥补实验室常规检测的局限性，还能满足危害分析与关键控制点中食品安全关键控制环节的要求。体现在三个方面：①实验准备要简化；②样品经简单前处理后即可测试，采用先进快速的样品处理方式；③分析方法简单，快速，准确，具有快速性、高效性、自动化、实时性、灵敏度高等特点。

食品安全快速检测方法可划分为定性快速筛选检测、半定量检测及全定量检测3类；按其分析地点的不同可划分为实验室快速检测和现场快速检测。其中现场快速检测常用在日常监管中，其主要有以下几种检测形式。

①用一些便携式仪器来定性或定量，如便携式甲醇速测仪、水分测定仪等。
②以试纸显色来定性并作为限量显示，如农药残留、兽药残留的检测。
③以层析法为基础的显色反应来定性，作为限量标准，如苏丹红和瘦肉精的检测。
④以试纸显色颜色的深浅进行半定量检测，如食用油酸价的检测。
⑤以试管显色为基础的定性检测，并以此为基础作为限量标准，如生豆浆的检测。
⑥以试管显色的深浅进行半定量检测，如对二氧化硫、亚硝酸盐的检测。
⑦用滴瓶滴定标准溶液进行定量检测。

二、食品安全快速检测技术及应用

快速检测技术主要用于理化项目、农药残留、食品添加剂、生物毒素、微生物和重金属检测六大领域。

（一）化学方法在理化项目中的应用

理化技术是最早应用于食品安全的快速检测技术。主要是比色卡和比色管法，将检测需要的试剂预先固定到试纸卡或一次性检测管中，在使用现场只需将样品液滴加到试纸卡或检测管中摇匀，通过观察颜色变化并与相应的色阶卡进行比较，进而得出样品中待检物质的含量值，如大肠杆菌检测试纸。该方法具有使用简单、准确度较高、成本低等特点。

通过市场监督管理局验证的检测项目有亚硝酸盐、甲醛、甲醇、硼酸、食用油过氧化值和酸价、水产品中的组胺和面制品中的铝等。其中，盐酸萘乙二胺法对肉及肉制品中亚硝酸盐的检测中，方法检出限为1mg/kg，远低于食品中的允许添加量，能够满足日常检测要求。采用色酸法和乙酰丙酮法检测白酒中的甲醇，检出限分别为0.4g/L和0.6g/L。硼酸用姜黄素比色法，检出限达到2.5mg/kg。水发产品中的甲醛使用AHMT比色法，检出限可以达到固体样品的5mg/kg和液体样品的5mg/L。面制品中的铝检出限达到25mg/kg，食用油的过氧化值和酸价也有用比色卡法检测的产品。

（二）快速检测技术在农药残留检测中的应用

由于农药残留速测试剂中使用了生物酶催化颜色变化，严格来说不能归入化学方法。农药残留快速检测的原理是有机磷和氨基甲酸酯类农药对胆碱酯酶（AChE）的活性有抑制作用，其抑制率的大小与农药的含量呈正相关性，与酶的活性呈负相关性。正常情况下，胆碱酯酶催化神经递质乙酰胆碱水解，水解产物与显色剂反应生成黄色物质，用分光光度计测定412nm处吸光度便可以计算胆碱酯酶的活性，并可以进一步计算出有机磷和氨基甲酸酯类农药的含量。

农药残留快速检测设备主要有两种，分别是多通道农药残留快速检测仪和农药残留速测卡。

1. 农药残留快速检测仪

农药残留快速检测仪一般都有多个检测通道，可以同时测定多个样品。通过分别测定样品液和对照液412nm处3min时的吸光度差值，来计算对胆碱酯酶的抑制率。当测出的抑制率≥50%时，表示蔬菜中存在有机磷和氨基甲酸酯类农药的残留，结果判定为阳性。反之，则判为阴性。

2. 农药残留速测卡

将蔬菜用缓冲液提取并将提取液滴加到检测卡上，其中残留的有机磷和氨基甲酸酯类农药会抑制预先固定于卡上的胆碱酯酶对靛酚乙酸酯（红色药片）水解为乙酸与靛酚（蓝色）的催化作用，从而导致速测卡对合时出现颜色深浅的不同变化。通过空白对照，对样品中有机磷和氨基甲酸酯类农药是否超标进行定性判定。农药残留速测卡使用方便，可以直接用手指捏合卡片使酶和底物接触反应并提供反应时所需的温度条件。农药残留速测技术主要用于检测蔬菜中的农药残留，有5种农药得到了验证，分别为敌百虫，检出限0.1mg/kg；丙溴磷，检出限0.5mg/kg；灭多威，检出限0.2mg/kg；克百威，检出限0.02mg/kg；敌敌畏，检出限0.2mg/kg。

本法使用时需要注意葱、蒜、萝卜、韭菜、芹菜、香菜、茭白、蘑菇及番茄的汁液中含有对胆碱酯酶有影响的物质，容易产生假阳性。处理这类样品时，需要采取整株浸提的方法。另外，对一些叶绿素含量较高的蔬菜，为减少色素干扰，也可采取整株蔬菜浸提的方法。

（三）快速检测技术在食品添加剂中的应用

食品添加剂快速检测中的常用技术包括液相色谱法、气相色谱法、离子色谱法以及紫外可见分光光度法。①液相色谱法，检测过程快速、结果精准，能针对多种添加剂同时检测，例如检测食品中的苯甲酸、山梨酸。②气相色谱法，添加剂的相对分子质量在1000以内、化合物的沸点低于350℃，且流动相为气相时，可采用气相色谱法，尤其适用于酯型防腐剂、酸性防腐剂的检测。③离子色谱法，对检测条件的限制要求少，针对不同化合价态无须分离，可在同一时间完成检测。④紫外可见分光光度法，借助计算机技术程序和光电技术，来保证检测的稳定性，如检测酸奶中的维生素A、番茄中的色素、食品中的亚硝酸盐含量等。

（四）快速检测技术在生物毒素中的应用

对生物毒素进行快速检测多采用酶联免疫吸附法（enzyme linked immuno sorbed assay，ELISA）、聚合酶链式反应法（polymerase chain reaction，PCR）、表面等离子体共振法（surface plasmon resonance，SPR）等。其中，ELISA法的灵敏度高、操作简便快速，且成本较低，常作为首选方案。PCR法灵敏度高、选择性强，但仪器昂贵、检测成本较高。SPR法的灵敏度高、检测时间短，因使用范围受限，推广上存在一定难度。

（五）快速检测技术在微生物检测中的应用

微生物检测的传统方法是利用显微镜进行观察，但是检测过程耗时长，当检测工作完成时，食品很可能已经进入市场。微生物快速检测具有操作简单、检出率高等特点，更适合在基层食品监督管理中推广应用，主要有免疫层析法、基因芯片法、电阻抗检测法等方法。其中，免疫层析法使用孔径较大的微孔滤膜，检测样品通过滤膜时便会发生特异性免疫反应，呈现出显色结果，具有稳定性好、成本低的优点。基因芯片法适用于特异性微生物的检测，既能一次性检测出食品中所有的致病源，又能用于遗传指标检测，具有灵敏度高、操作简单的优点。电阻抗检测法目前广泛应用在食品支原体、沙门菌、大肠杆菌等的检测中，检测时间长短取决于微生物的种类和代谢速度。

（六）快速检测技术在重金属检测中的应用

通过采用重金属快速检测仪、重金属检测试纸盒等现场快速检测方式，可以对食品中的汞、铅、镉和砷等元素进行初筛检查。除此之外，常用的技术包括免疫分析法、激光诱导击穿光谱法（laser-inducod breakdown spectroscopy，LIBS）、原子吸收光谱法（atomic absorption spectroscopy，AAS）、电感耦合等离子体质谱法（inductively coupled plasma mass spectrometry，ICP-MS）、电感耦合等离子体发射光谱法（inductively coupled plasma optical emission spectrometry，ICP-OES）等。其中 LIBS 法是一种新兴的定量分析技术，具有适用性强、分析效率高、多元素同步分析、不需对样品预处理等优点。ICP-MS技术具有快速、高灵敏度、多元素分析的优势，在食品安全领域应用较为广泛。

（七）其他检测技术

生物传感器技术作为快速检测技术的一种方式，也可以实现食品安全监管。从生物传感器技术的应用来看，一般都是将待检测食品与该食品的分子识别元件进行特异性结合使其发生反应，将反应所产生的信号转变为电信号。通过放大器将信号放大，让其显示在信号装置上从而实现待检测食品的检测。该技术在实际检测中需要注意的是，由于生物传感器技术的特殊性，在检测前需要确保待检测物质的活性，才能保证不同分子能够被有效识别。同时在实际检测的过程中，该技术也能与其他技术进行组合检测。如将纳米技术与生物传感器技术结合，以内容物标记的形式检测食品成分，以这样的形式实现生物毒素、污染物及添加剂的检测，实现食品安全监管。与其余技术相比，生物传感器技术除了具有上述优势之外，还具有自动化检测灵活度高的优点，可实现多种食品安全影响因素的检测。

生物芯片技术指以微加工技术为依托，以生物芯片来实现食品污染物的检测。该技术在食品安全快速检测中具有特异性强、准确率高的特点。由于生物芯片技术在食品安全监管中的使用特性，通常会将生物芯片技术应用到致病菌的快速检测或者转基因食品的分析中。如生物芯片技术在食源性病毒中的检测应用是通过基因芯片的方式检测贝类食品中的病毒。在食品安全监管中，生物芯片技术的使用为出入境食品的检测提供了更加高效、快捷的检测速率，在很大程度上保障了进出口食品的安全。

第三节
区块链技术在食品安全控制中的应用

一、区块链技术

区块链技术是一种分布式的、去中心化的数据库技术，用于记录和验证交易，以确保数据的安全和透明性。它最初是由比特币的发明者中本聪在2008年提出，并作为比特币的底层技术而得到广泛应用。区块链技术的核心概念是"区块"和"链"。

区块：区块是区块链中存储数据的基本单位。它包含了一定数量的交易数据，以及一个时间戳和唯一标识符。每个区块中还包含前一个区块的哈希值（指向前一个区块），形成了链式结构。

链：区块链由多个区块连接而成，形成一个不断增长的数据链。每个区块都包含前一个区块的哈希值，这样的设计使得区块链具有不可篡改性和可追溯性。

狭义的区块链通常是一种按照时间顺序将数据区块以顺序相连的方式组合成的一种链式数据结构，并使用密码学方式确保数据的安全性、不可伪造性和不可篡改性的分布式账本。广义的区块链技术是利用区块链数据结构来验证与存储数据、利用分布式节点共识算法来生产和更新数据、利用密码学的方式保证数据传输和访问安全、利用自动化脚本代码组成的智能合约来编程和操作数据的一种全新分布式基础架构和计算方式。区块链技术可以被应用于更广泛的领域，不仅仅局限于加密货币交易。例如，在供应链管理中，区块链可以追踪产品的来源和流向，增强透明度和防止伪劣商品的流入。在医疗领域，区块链可以改善患者数据的安全性和隐私性，同时促进医疗数据的分享和交流。还有其他诸多领域，如数字身份认证、版权保护、投票系统等，都可以通过区块链技术获得更高的效率和安全性。从本质上来说，区块链就是一种新的治理规则，是需要遵守该规则的人一同记录信息的过程。这种设计使得区块链具有高度的透明性和去中心化特性，使得数据的更改需要得到网络中大多数参与者的共识，保障了数据的可信性。

二、区块链技术的特征

（一）去中心化

区块链技术使用分布式数据存储，不存在中心节点这样的管理结构，不依赖于中央机构，而是系统的运行依靠网络中的多个节点共同维护和管理，降低了单点故障的风险。

（二）安全性

区块链使用密码学技术和共识算法来保证数据的安全性，使得数据难以被篡改或伪造。

(三)透明性

区块链中的数据是公开可查的,任何人都可以查看和验证交易,增强了信息透明性,表现在:一是所有区块链系统的代码是开放透明的,所有人都可以了解其工作逻辑原理;二是所有区块链系统的数据信息和端口对任何人开放,只要交易参与者想得知都可以通过开放的端口获知区块链数据信息,因此整个区块链系统是全部公开透明的。

(四)匿名性

数据交换完全靠整个客户端节点自主完成,整个交易过程不需要人的信用等级,完全依靠对机器的信任,人为的干预活动不起任何作用,交易双方也无须亮明身份,完全可以在匿名的环境下进行,这样既保证了交易的可靠性和安全性,也可以保护交易双方的个人隐私。

不可篡改性:在传统的信息系统中,系统数据由特定维护人进行保管,数据篡改风险一般来自两个方向,内部管理人员和外部黑客。内部管理人员一般通过制定完善的规则和制度来约束,外部黑客则通过购置各种安全设备以及设置各种系统安全规则来防范。而在区块链系统中,信息一经核验并存储至区块链,就会通过分布式节点永久保存起来,对单个客户端节点的数据修改是没有用的,除非对超过51%的客户端节点数据同时进行修改,因此一旦数据被写入区块链,很难修改或删除,确保了数据的完整性和可靠性。

三、区块链技术在食品安全控制中的应用

(一)应用场景

区块链技术可以应用于食品安全和追溯体系的建设,从而提高食品的安全性和可追溯性,以下是一些主要的应用场景。

1. 食品溯源

区块链可以记录每一次交易的信息,将从农田到餐桌的每一个节点都记录下来,实现食品的全程追溯,确保食品的来源可追溯、真实可信。

2. 防伪溯源

区块链可以实现每一个产品的独立标识,通过扫描二维码等方式查询产品的信息,包括原材料的来源、生产过程中的数据和分销信息等,确保消费者购买到的产品是真实的。

3. 食品质量检测

区块链可以记录每一个食品批次的检测结果,确保食品符合质量安全标准,同时也可以快速响应食品安全事件。

4. 供应链管理

区块链可以提供完整的供应链追溯,确保食品从生产到消费者手中的每一个环节都能够

被准确记录和追踪。通过将每个交易和转移都记录在区块链上，消费者可以查看并验证食品的来源，确保其质量和安全性。区块链可以记录供应链上每一个参与方的信息，对于不合规的参与方，可以快速追溯，保证整个供应链的透明度和规范性。通过智能合约和自动执行，可以减少人为错误和纠纷，并提高交易的透明度和可追溯性。

5. 消费者权益保护

区块链可以为消费者提供可信的信息，使消费者可以更好地了解产品的来源、质量等信息，更好地保护消费者权益。

6. 快速召回和警示系统

如果发现某批次食品存在安全问题，利用区块链技术可以快速定位和召回受影响的产品。同时，可以建立一个即时警示系统，将问题信息传播给利益相关方，以便迅速采取行动。

7. 数据共享与合作

区块链技术可以促进食品安全领域的数据共享和合作。各个利益相关方可以在区块链网络上共享数据，包括监管机构、生产商、零售商和消费者等，从而加强对食品安全的监督和管理。

（二）应用实例

1. 区块链技术在食品供应链上的应用模式

区块链技术在食品供应链上的应用，是通过将农产品种植、生产等过程中对特定的数据或者实物对象信息数据进行采集并上传至系统，使食品的生产过程中涉及的实体对象，从"被动参与者"转换为"主动参与者"（图6-1）。同时，区块链的共识机制、分布式账本、

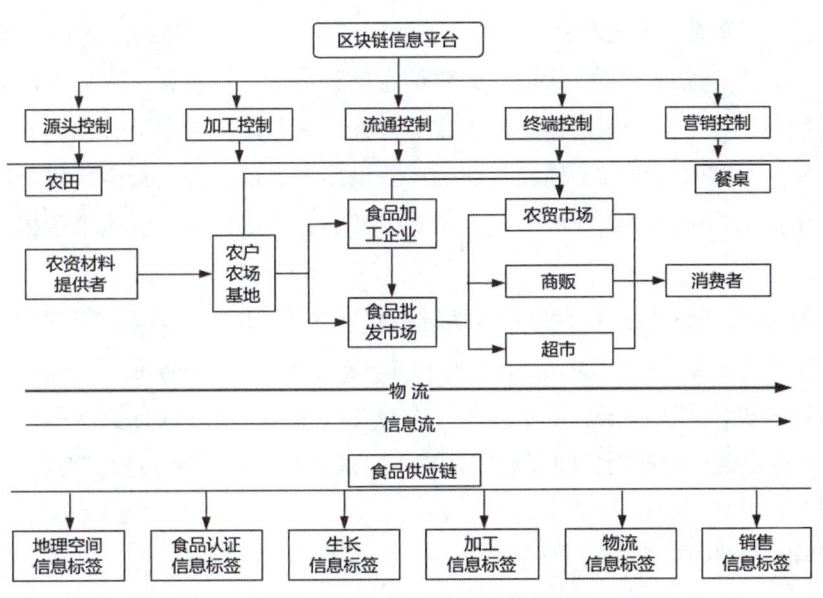

图6-1 区块链技术在食品供应链管理中的应用模式

智能合约、非对称加密和时间戳为主要的技术范式，这样在去中心化权威控制的情况下，对食品供应链中的各个参与主体间建立起信息互动，用数学的方法解决了信任问题。区块链可以在食品供应链中有效地促进食品安全质量信息的流通，继而建立全面的食品质量安全监督体系（图6-2）。

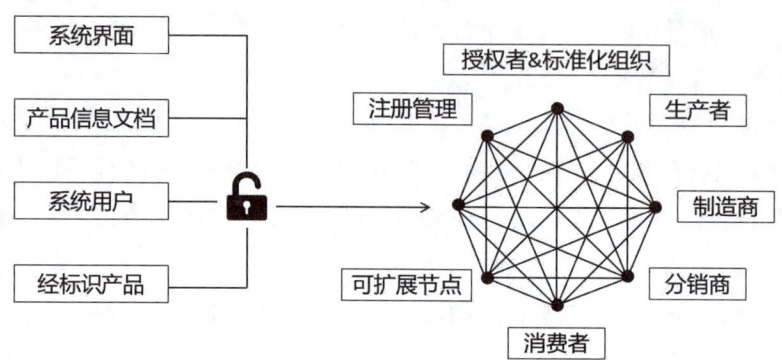

图6-2　区块链中的食品溯源网络架构图

在产品从生产到消费的全过程中，涉及的参与者角色及其职责如下。

（1）注册机构　为其他参与节点提供唯一的身份账号。

（2）标准化组织　定义标准条例并有修改权利。

（3）原材料供应商、生产企业、加工制造企业、分销商、零售商　向区块链输入指定产品的主要信息。

（4）消费者　购买食品产品，有访问产品特定信息的权限。

从参与者角度来看，首先所有参与者在注册时会创建一个对应的信息档案，档案内应对其企业信息、职能、地址、资格认证等必要信息进行记录。参与者在成功注册后，将会获得一个公钥和私钥，公钥向区块链中全体成员公开，而私钥作为交易过程中验证身份与信息的关键。每个参与者都可以利用已注册的ID登录用户界面，进入指定区块链网络。该软件的开发与维护工作须由可信任的单位来负责，并要有权威的组织机构来承担注册机构的职责。

从信息流来看，所有信息都存储在区块链中并且支持被授权的节点对其进行访问。信息存取的权限又取决于参与者在供应链中的角色与职能。此外，区块链的运行规则由代码定义并存储在区块链中，无法被区块链中的某一参与者所修改，从而保证数据的真实性与有效性。若要改变区块链运行规则，则同数据存储一样，需要向全部节点进行广播并且由重点部门核实确认。

2. 区块链技术应用于葡萄酒行业

2017年10月，全球领先的专业质量认证和风险管理公司DNV GL与全球区块链应用技的领导者唯链（VeChain）达成战略合作协议，双方合作致力于应用区块链技术帮助企业增强其产品从生产到消费整个环节的透明度和可追溯性。2018年3月，DNV GL公司针对食品饮料行业开发并推出了一款应用区块链技术，是结合行业专业知识、独立的审计、数据收集以及验证服务而成的数字认证方案———My Story™。

该方案首先应用于意大利葡萄酒行业，目前已有多家葡萄酒制造商正在采用实施新方案，并在酒瓶上贴上相应标签。My Story™将可以为客户提供产品背后的不同特性和生产流程记录，客户通过扫描二维码，能看到产品从葡萄到成酒装瓶的整个过程。具体而言，首先从定义要讲述的酒的品牌故事开始，即确定所需要表述的具体特征，例如：动物福利、员工权利、生态足迹、食品安全、可追溯性和原产地等。然后，采用该方案的公司必须从整个供应链中收集所选特征的相关数据与信息，例如：关于员工和机器设备的工作记录、各类认证的文件，以及从企业资源计划（enterprise resource planning，ERP）中收集或导入的数据。接下来，DNV GL公司的专家将与采用该方案的公司一起建立一个框架，并把当前的供应链运行、数据来源和数据验证等相关信息都记录在区块链中。

该方案对产品及其供应链的完整记录以及对整个流程各个环节的认证可以使相关主体均获益。对于消费者而言，他们可以快速而全面地获取诸如质量、真伪、产地、成分、用水和能耗等关键的产品特性，并了解其产品背后的独特内涵，从而能够轻松地了解每一瓶酒。而对于制造商、品牌商、批发商、零售商而言，他们可以充分利用这些认证后的数据来更好地管理其供应链，并参考质量、安全、经济、环境和伦理准则等方面的因素，改善产品的各个方面。具体而言，零售商和品牌商将通过My Story™讲述产品的前世今生，让消费者能够深入了解其产品的内涵和特性，进而帮助消费者进行理性购买决策，而其中的承诺和关键产品属性都已得到DNV GL的认证。

3. 区块链技术应用于食品供应商

2016年10月，零售业巨头沃尔玛联合清华大学和万国商业机器公司IBM将超级账本（Hyperledger）区块链系统应用于食品供应链管理，以中国猪肉供应链和美国芒果供应链为试点，探索区块链技术的实际应用方式与利益。由于中国市场的猪肉和美国超市中的芒果是大型市场中的两个大批量的商品，也是沃尔玛区块链试点项目的核心，因此，可以从项目试行中了解区块链的原理和应用方法。该试点项目开始时间是2017年第一季度，为期4个月，之后由零售商和合作伙伴IBM以及清华大学联合评估试点结果。

（1）芒果全生命周期追踪　芒果是深受世界各国消费者欢迎的水果，也是沃尔玛畅销的食品，但沃尔玛也不止一次遇到因芒果引发的食品安全事件。当安全事件发生后，因为芒果在全球范围内运输容易受李斯特菌和沙门菌污染，往往找不到确切的污染源头，只能眉毛胡子一把抓，将本身并没有安全问题的大量芒果一同丢弃，由此造成的浪费十分惊人。为此，沃尔玛将芒果的全生命周期追踪作为区块链应用的突破口，以期能在第一时间获得涉及食品安全问题的芒果的相关信息。沃尔玛在美国销售的芒果基本原产于中美洲或南美洲的小农种植场，芒果树从种苗到成熟、结果一般为5~8年，运输方式包括空运、海运或陆运，加工包括洗涤、去皮、切片并放入加工中心的容器中，然后运往沃尔玛配送中心进行冷藏，再运输到商店冷藏和上货架销售，最终被消费者购买而消费。

芒果的数据采集主要涉及以下各个环节，不同环节的数据均通过区块链技术得到有机融合和无缝集成。

①种植环节：芒果种植期需要采集这一阶段是否使用化学农药、施肥状况、是否雇用童工以及在收摘过程中是否出现腐烂或表面缺陷等信息。

②加工储运环节：利用区块链连接相关设备和智能传感器记录储运环节数据。

③营销和零售环节：记录包括芒果的外观、新鲜度、销售价格、促销措施等数据。

④消费和售后环节：记录顾客在购买后的消费状况数据。

（2）猪肉产品追踪　基于区块链的应用，将猪肉的养殖场来源细节、批号、工厂和加工数据、到期日期、存储温度以及运输细节等各种产品信息，以及每一个流程产生的数据都记载在安全的区块链数据库中，实现全流程数字化管理，以全面提升猪肉供应链管理的效率和水平。通过区块链技术，对猪肉生产和运输的追溯时间从原来的几周，缩短到现在的2.2s。所记录的数据具体包括养殖场基本数据、生产批号、工厂和处理数据、到期日期、储存温度以及运输配送细节等。具体的流程如下：

第一步，生猪加工厂将加工好的猪肉产品放入包装盒中，并贴上专用标签。与此同时，工作人员创建新的二维码，并通过这个二维码将所有必要的产品细节数据上传到区块链中，确保任一位授权用户都可以获得入链信息，以查验运营过程中任何一个节点的操作细节。

第二步，供应商发货点负责向沃尔玛配送中心发货的员工创建运输记录，输入运输车辆车牌号，对将被装车的托盘进行扫描，而后系统会显示出这批猪肉即将发往的配送中心和对应的采购订单，然后上传这些单据的图片到区块链上，新创建一个不可篡改的数据文件，供各个授权用户同时登录读取。

第三步，任何一位经授权的食品安全管理人员都可以读取存储在区块链中的单据。由于单据不可篡改，并具有开放性，将会大幅缩短其查找时间，而且可有效防范未经授权篡改信息等诚信问题。

（3）京东区块链技术，赋能"中国好生鲜"　2021年，京东携手27家生鲜领域与消费品领域品牌商，成立品质溯源防伪联盟，面对零售行业天然具有交易数据碎片化、交易节点多样化、交易网络复杂化等显著特点，采用覆盖全渠道的区块链技术，让用户从外界各种渠道了解和选择的商品，变得有源可循。借助区块链技术和物联网技术，品质溯源防伪联盟有能力打通品牌商、京东、政府、检测机构间的防伪、溯源、全程追溯信息，同时将商品原材料采买过程、生产过程、流通过程、营销过程的信息进行整合（图6-3）。

用户在京东购物后，只需打开京东应用软件（App），找到订单，点击"一键溯源"或

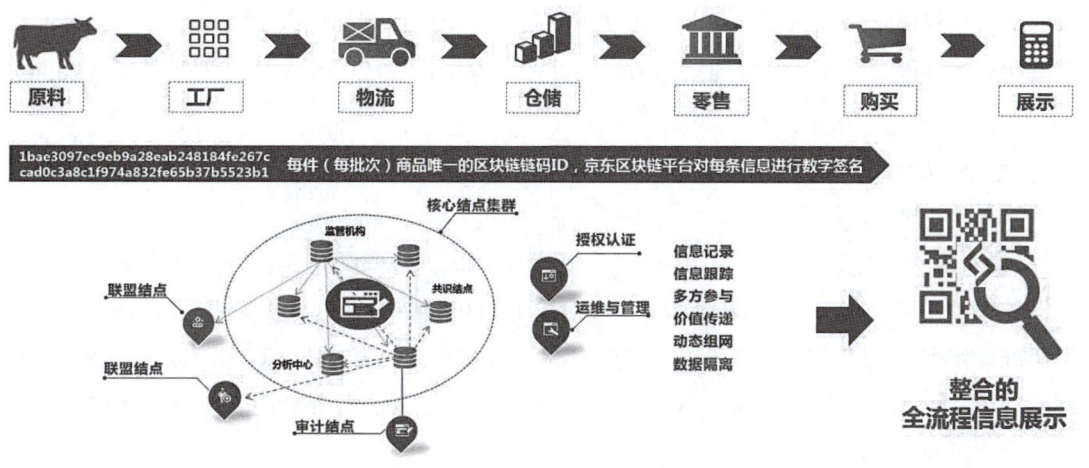

图6-3 京东区块链结构图

直接扫描一下产品上的溯源码，就可以溯源信息，尤其对生鲜食品来说，这无疑会比包装上印刷的生产日期，带来更可靠的品质保证，甚至可以告诉你桌上的食物究竟从何处、何时采集而来。由于打通了品牌商到消费者的各环节，配合区块链技术让全链路信息实现了防篡改、标准统一和高效率交换，大大降低假货出现的风险，在消费者购物的各个环节，都预先树立起了更高的质量门槛。

第四节 食品安全管理体系

目前预制菜的管理还处在行业联盟自律性管理阶段，行业内缺乏强有力的监管手段。主要体现在：①缺乏预制菜原料追溯系统。预制菜是涉及农产品生产、加工、终端销售全流程的行业，追溯供应链各方的行为是统一全国数据的有效监管手段。食品安全的全国统一追溯平台是我国新型的食品安全监管手段，目前已经在全国范围内推行。但预制菜领域暂未建立专门的平台，也没有出台预制菜相关的追溯管理办法。②违法监督抽查力度不足。传统的违法检查形式作用较为薄弱，预制菜产业监管的违法检查大多停留于大城市的餐饮店、商超零售等，小城市未得到强有力的违法检查。违法检查分为定期检查和不定期抽查两种，南京市和上海市市场监督管理局开展的预制菜违法检查起到了很好的示范引领作用。但目前小城市仍未确立预制菜相关的市场监管制度，政府执法部门难以落实违法检查，导致不同城市的违法检查力度不均衡，总体上力度较为薄弱，易滋生不合生产规范的小作坊，扰乱市场秩序，影响食品安全。③预制菜与一般食品不同，大多数是由两种及以上食用农产品作为原料，经过烹饪制成的混合体，如辣椒炒肉，既有动物性的猪肉，又有植物性的辣椒块。其安全性指标按照食品安全国家标准中的某一类执行，还是需要制定新的食品安全标准呢？又如辣椒炒肉的致病菌限量是执行熟肉制品还是即食蔬菜制品的限量标准，抑或是两者相加呢？或者要考虑两种或多种不同商品类型的致病菌之间抑菌性或增强性还是和谐共生？

一、食品安全管理体系概念

食品安全管理，简称FSMS（food safety management system），是指与食品供应链相关的组织（包括生产、加工、包装、运输、销售的企业和团体）以良好生产规范（GMP）和卫生标准操作程序（SSOP）为基础，以国际食品法典委员会CAC《HACCP体系及其应用准则》（即食品安全控制体系）为核心，融入所需的管理要素，以消费者食用安全为关注焦点的管理体制和行为。

从食品安全管理体系提出主体划分，主要为三类。

一是"政府行政"主导的食品安全管理体系。因高校餐饮受教育部和市场监督管理总局的双重管理，其食品安全管理体系包含教育部门的"标准化食堂"建设和市场监管总局的"明厨亮灶"工作。此外，政府部门开展的"餐饮服务食品安全监督量化分级管理"对提升校园食品安全水平发挥了重要作用，但自2020年起"餐饮服务量化分级"工作由行业协会推进。

二是以"国际认证"为特点的食品安全管理体系。由国家认证认可监督管理委员会主导，包括HACCP（hazard analysis of critical control points）体系和FSMS（food safety management system）体系，HACCP体系以GB/T 27341《危害分析与关键控制点（HACCP）体系食品生产企业通用要求》、GB 14881《食品安全国家标准 食品生产通用卫生规范》为主要依据；FSMS体系以GB/T 22000《食品安全管理体系食品链中各类组织的要求》、GB/T 27306《食品安全管理体系餐饮业要求》为主要依据。

三是"行业或企业自律"主动形成的食品安全管理体系。其中，行业协会主导推广的食品安全管理体系包括：由中国烹饪协会自欧洲引入，结合中餐实际提出的"百合花"餐饮业食品安全和营养管理示范工程，以T/CCA 002《"百合花"餐饮业食品安全和营养管理体系要求》为主要依据；上海餐饮行业协会借鉴日本的"5S"管理法、中国香港的"五常法"，2004年提出了卓越现场管理（6T实务），即6个天天都要做到，天天处理、天天整合、天天清扫、天天规范、天天检查、天天改进。

二、常见的食品安全管理体系

（一）国际食品安全管理体系

ISO 22000（2005 food safety managment system）：国际标准化组织（ISO）发布的食品安全管理体系标准，适用于食品生产、加工、分销等环节。

FSSC 22000（food safety system certification 22000）：基于ISO 22000的认证方案，结合了ISO 22000标准和PAS 220（食品制造的公共规范）要求，适用于食品制造和供应链管理。

BRC（british retail consortium）全球食品安全标准：由英国零售商协会（BRC）发布的食品安全标准，适用于食品制造商和供应商，着重于食品安全、质量和操作规范。

IFS（international food standard）食品标准：国际食品标准（IFS）发布的一系列与食品安全和质量相关的标准，适用于零售商和分销商。

（二）国内食品安全管理体系

GB/T 22000：中国国家标准，与ISO 22000类似，是食品安全管理体系的国家标准，适用于食品生产、加工、分销等环节。

食品生产许可体系：中国市场监督管理部门对食品生产企业的许可和监管体系，确保企业符合食品安全要求。

HACCP（危害分析与关键控制点）：在国内外均广泛使用的食品安全管理方法，通过分析危害和控制关键控制点来确保食品安全。

食品安全等级制度：中国各地区根据实际情况制定的食品安全评级标准，用于对食品生产企业进行分级管理。

良好生产规范（GMP）：针对药品和食品生产的质量管理规范，确保生产过程的卫生和质量符合规定。

> **拓展阅读**
>
> 1946年10月14日至10月26日期间，英国、中国、美国等25个国家的代表出席伦敦会议，会议主旨是统一工业标准进而促进国际合作，因此各国代表在会议上表决成立国际标准化组织（international organization for standardization，ISO）。ISO组织为了促进国际合作和食品标准的统一管理，以危害分析与关键控制点（hazard analysis and critical control point，HACCP）管理体系为基础，参照ISO 9001管理体系的汇编结构，制定ISO 22000食品安全管理体系标准并于2005年9月1日正式颁布。
>
> ISO 22000食品安全管理体系标准作为新的国际性标准，其宗旨是促进国际合作和食品标准的统一管理。2006年6月1日，我国发布了《食品安全管理体系 食品链中各类组织的要求》GB/T 22000，正式将ISO 22000：2005食品安全管理体系标准转化为我国的推荐性标准。
>
> ISO 22000管理体系是一个适用于整个食品供应链相关企业的食品安全管理体系框

架,它的要点是在ISO 9001:2000的基础上增加了HACCP形式标准。它将HACCP体系从侧重对HACCP七项原理、GMP（good manufacturing practice）、SSOP（sanitation standard operation procedures）等技术方面的要求,扩展到整个食品链并作为一个体系对食品安全进行管理。同时,由于在ISO 22000食品安全管理体系中,GMP、GHP（good hygiene practice）是必要的前提条件,从而有效地减少了关键控制点（CCPs）的个数,这使得该体系在企业中的可操作性更强。此外,ISO 22000还涉及对食品链中可追溯性和召回等要求,因此增加了复杂性、灵活性和难度,对企业提出了更高的要求。

三、食品安全管理体系的困境

食品安全问题是世界性难题,尽管当前欧美发达国家在食品安全管理方面有着先进的经验和技术,但从食品安全管理历史来看,世界范围内的食品安全问题一直较为突出,也未得到尽可能彻底的解决。由于发展阶段的差异,各国乃至国内各地区之间的食品安全表现形式不一,形成结果各有差异,这加剧了食品安全管理的难度。目前我国食品安全管理体系的困境主要体现在以下几个方面。

（一）复杂的供应链

食品供应链通常涉及多个环节,包括原料采购、加工、运输、分销等,环节多、供应链长。这些环节经常跨越多个地区甚至国家,使得供应链的管理变得复杂而困难。例如,当消费者在享用一块蛋糕的时候,其配料来源呈现多元化和国际化,即中国的植物性奶油、瑞士的可可粉、美国密歇根州的酸樱桃、韩国的精制砂糖、比利时的巧克力。信息传递不畅、数据收集不完整以及各环节之间缺乏有效的沟通和合作,都可能导致食品安全问题的出现或扩大。

（二）不透明的信息流通

目前,食品安全相关的信息往往是分散在不同的组织和机构中,并且存在信息孤岛和信息不对称的情况。消费者很难获取关于食品的详细信息,包括生产过程、质量检测结果等。这种信息不透明性给食品安全管理带来了挑战,也增加了消费者消费的疑虑和不确定性。

（三）缺乏有效监管和执法

现阶段,我国的食品安全和卫生监督管理体系仍不够完善,多以部门分段式管理的方式进行,不仅包含卫生行政部门,还包含了工商管理部门和质量监督部门,各个部门在具体监督和管理的过程中缺乏有效的沟通和联系，导致食品安全和卫生监管存在很多漏洞，监管流于形式，缺乏实质性的效果。食品安全监管和执法体系在某些地区可能存在薄弱的环节。监管资源有限，监督和检查力度不够强，导致一些违规行为或者安全问题难以被发现和处理。此外，食品欺诈、假冒伪劣等问题也可能存在于监管的盲区。

（四）技术与标准的落后

随着科技的不断进步，食品安全管理体系需要不断更新和改进。然而，一些地区的食品安全管理技术和标准相对滞后，无法及时应对新的威胁和挑战。缺乏对新技术的应用和推广，使得食品安全管理体系的效率和准确性受到限制。

（五）缺乏有力的检测体系

随着人们对食品安全的关注度增加，国家也加大了对食品安全的检查力度，其检查形式也多种多样，有传统式、突击式以及随机式等。由于监管工作不能全程化和日常化，很多检测机构都是按照行业或者产品功能性进行选择，导致检验环节、对象以及区域范围有限。食品安全检测体系是管理体系的重要组成部分，需要不断对各级检测机构的职责和分工进行明确，对检测流程进行统一规划。但是由于缺乏完善的检测体系，导致重复检测且检测效率低下的问题较为普遍，其次，各级检测部门在进行检测时缺乏有效沟通、交流和相互协作，导致检测数据不能及时共享，从而导致各个部门对于食品的检测结果存在较大的差异性，严重影响食品安全检测效果。

（六）消费者教育和知识水平参差不齐

消费者在食品安全方面的教育和知识水平参差不齐。一些消费者可能缺乏对食品安全问题的充分认知，容易成为不法商家欺诈的目标。增强消费者的食品安全意识和能力，帮助他们做出明智的购买决策，是食品安全管理体系中的重要环节。

面对这些困境，需要综合运用各种手段和工具来完善食品安全管理体系。这包括加强供应链追溯能力，促进信息共享和透明度，加大监管和执法力度，推动技术创新和标准提升，以及加强消费者教育和参与。同时，国际合作和跨界合作也是解决食品安全管理困境的重要途径。

四、构建预制菜食品安全管理体系的策略

（一）建立预制菜食品安全标准管理体系

管理体系是管理人员开展监管工作的有力保障，需要结合现行的国家和行业标准建立预制菜安全和管理标准。首先，对于同一产品存在不同的安全标准的问题，需要协同相关部门进行探讨和交流，对标准进行整合，建立和健全预制菜食品安全标准管理体系。其次，要

加强对预制菜食品安全标准管理体系的复审，只有合格的标准才能纳入新的标准体系中。最后，还需要完善食品安全管理体系中的强制性标准和推荐性标准，使之与整个管理体系配套。

（二）建立信息化溯源体系

要想避免预制菜产业链风险的产生，并给予食品安全一定的保证，应加强信息化溯源平台的构建。在该平台上，应将原料供应、加工制作等环节涵盖在内，基于全链条视角，促进数据搜集、传输工作顺利进行，并达到共享性要求。在构建溯源体系过程中，平台应加强大数据技术的合理运用，精准化分析历史数据，实时化监测产品的合格情况，满足风险预警的时效性需求。同时，借助智能化决策支持系统，为潜在风险的识别提供极大的便捷，最大限度地规避和预防食品安全问题。此外，在平台上，所有参与主体应将标记登记落实到位，加强统一社会信用代码的推行，为保证溯源信息的准确无误创造有利条件，并进一步完善溯源体系。基于此，可以动态化追踪各环节的责任主体，做到精准识别，从而确保食品安全管理水平的稳步提升，保证整个产业链的高度安全。

（三）落实预制菜安全监管责任

明确监管机构，以立法形式确定卫生部门、质量监督部门等在食品安全监管过程中的职能和权限，进而做到责任落实到人，出现问题就能及时对个人或者部门进行追责。其次，还需要加强对食品安全标志使用的管理，对于需要进行ISO 9000管理认证、ISO 14000环保认证的产品相关企业要对其进行严格审核，对于已经获得相关标准的食品，相关单位和个人还需要加强对其生产过程中的卫生情况的严格把关。最后，对于预制菜加工企业在生产过程中出现的食品安全事故要加大处罚力度，实行权责发生制，对于违法企业不仅要没收不合格产品，还需要进行罚款和赔偿，甚至吊销其生产许可证，构成严重犯罪的，还要追究其刑事责任。

（四）建立完善的预制菜食品安全检测体系

首先，要对预制菜食品安全管理检测体系进行有效规划，并以国家级食品检测机构为首，进而引导市、县等检测机构加强对食品安全生产质量的检测，并不断加强对检测资源的整合，进而形成一套完善的预制菜食品安全检测体系，从检测食品生产厂家生产环境、生产投入品、加工流程以及流通和消费全过程方面强化食品安全管理体系的效能。其次，还需要建立网络化的检测管理系统，实现检测资源和信息的共享，通过共享，相关部门能及时了解食品安全生产情况，对其作出快速反应。

（五）推进社会信用评价体系建设

市场经济发展过程中亟需社会信用体系制度的保障，有序的社会信用评价能够充分降低信息不对称带来的负面影响，并通过信用定价机制进行制度性筛选，构建健康的市场环境。预制菜食品安全问题频发对加快推进社会信用体系建设提出了新要求，消费者无法对企业行为和产品质量进行有效甄别，企业选择合作人缺少必要参考，导致社会整体需要支付较高成本进行信息搜索和筛选，食品工业发展的社会效率大幅度降低。一方面，全面推进社会信用体系建设，稳妥推进底层框架设计和具体实施方案，打通数据壁垒，并同时强化包括采集、分析、运用等在内的数据保护机制。另一方面，从食品供应链切入，实现全流程信息披露，进一步增强食品溯源功能，并嵌入信用评价机制，纳入企业全部的生产经营活动当中，以实现有效管理和惩戒。设立举报投诉渠道，鼓励公众积极举报预制菜食品安全问题。加强对举报投诉的受理、调查和处理工作，对属实的举报投诉要严肃处理，并及时公布处理结果，保护举报人的合法权益。

五、食品安全管理体系的应用

"从农田到餐桌"的整体概念最有效降低风险的途径就是在食品生产、加工和销售链条中遵循预防性原则。要最大限度地保护消费者的利益，最基本的就是把食品质量和安全建立在食品生产从种植（养殖）到消费的整个环节。这种从农业种植者（养殖者）、加工者、运输者到销售商的链条叫做"从农田到餐桌"，这个链条中的每一个环节在食品质量与安全中都是非常关键的。

食品危害和品质的损失可能发生在食品链上的不同环节，要一一找出这些危害是非常困难的，并且成本也是十分昂贵的。一种有机地组织起来的，对食品链中多个环节进行控制的预防性方法可以有效地增进食品质量与安全。对食品链上一些潜在的危害可以通过应用良好操作规范加以控制，如良好农业规范（GAP），良好操作规范（GMP），良好卫生规范（GHP）等。一种重要的预防性的方法——危害分析与关键控制点（HACCP）可应用于食品生产、加工和处理的各个阶段，HACCP已成为提高食品安全性的一个基本工具。

建立食品安全管理体系是一个系统性的过程，需要有组织性、规范性和持续性。以下是建立食品安全管理体系的一般步骤：

1. 确定组织需求和目标

确定组织在食品安全方面的需求和目标，考虑到食品类型、规模、市场要求等因素。

2. 形成食品安全团队

成立一个专门的团队或委员会，负责制定、实施和监督食品安全管理体系。

3. 风险评估

对食品生产、加工、贮存、运输等环节进行风险评估，识别可能的风险和危害。

4. 建立食品安全政策

制定明确的食品安全政策，表达组织对食品安全的承诺和期望。

5. 制订食品安全计划

基于风险评估结果,制订食品安全计划,明确控制措施和关键控制点(如HACCP计划)。

6. 制定标准操作程序(SOPs)

制定适用于不同操作环节的标准操作程序,确保操作一致性和规范性。

7. 培训与教育

为员工提供食品安全培训,增强他们的食品安全意识和操作技能。

8. 建立文件记录体系

建立适当的文件记录体系,包括食品安全政策、流程、报告等,以备查验和审计。

9. 制订监测和测量计划

制订监测和测量计划,对原材料、生产过程和最终产品进行检测,确保符合食品安全标准。

10. 实施内部审核

定期进行内部审核,检查食品安全管理体系的合规性和有效性。

11. 不断改进

根据内部审核结果和食品安全事件,进行持续改进,修订食品安全计划和操作流程。

12. 准备认证

根据选择的食品安全标准,准备所需的文件和信息,进行认证申请。

13. 外部认证

经过准备和审核后,邀请认证机构对食品安全管理体系进行评估和认证。

14. 持续维护和改进

获得认证后,继续保持食品安全管理体系的运行,并根据认证机构的建议和内部评估进行持续改进。

思考题

1. 请论述区块链技术在食品安全控制中的应用。
2. 请查阅相关资料,思考如何针对预制菜肴建立HACCP管理体系。

第七章 CHAPTER 07
预制菜加工场所规划建设和生产管理

本章导学

　　预制菜的加工场所以中央厨房为主。中央厨房的主要任务是通过标准化操作和管理，对食材进行清洗、分解、配比、烹饪、包装等预加工，再通过冷链物流体系配送至商超、门店而后销售给顾客，这种规模化采购和集中加工，有利于提高预制菜供应链效率，也有利于食品安全的保障和食材成本的降低。中央厨房+冷链物流体系的建设，正在成为预制菜产业发展的新趋势。预制菜加工场所的规划建设必须首先考虑项目立项、审批，项目的可行性研究通过审批才可进行后续的规划建设工作，在建设过程中也要对场址、设计、建设、设备、试产等各环节进行慎重的选择和考察。

　　预制菜的生产加工过程中，生产管理是预制菜加工场所运营的重要组成部分。主要包括生产计划、采购与供应链管理、加工操作与工艺控制、生产车间管理、包装与标识、质量控制。

学习目标

1. 掌握预制菜工艺设计流程以及预制菜加工场所的布局划分。
2. 了解并熟悉预制菜生产管理的内容。
3. 了解预制菜加工场所项目建设的过程。

第一节 预制菜工艺设计

一、预制菜工艺设计

预制菜生产工艺是一种现代化的食品生产方式，它通过对食材进行切配、加工等处理，将其制成各式各样的预制菜品，方便消费者快速食用。

所谓工艺设计，就是按工艺要求进行工厂设计，其中又以车间工艺设计为主，并对其他设计部门提出各种数据型要求，作为非工艺设计的设计依据。中央厨房工艺设计的内容大致包括：全厂总体工艺布局；产品方案及班产量的确定；主要产品和综合利用产品生产工艺流程的确定；物料计算；设备生产能力的计算、选型及设备清单，车间平面布置；劳动力计算及平衡；水、电、汽、冷、风、暖等用量的估算；管道布置、安装及材料清单；施工说明等。

除了上述内容外，还必须提出工艺对总平面布置中相应位置的要求；对车间建筑、采光、通风、卫生设施的要求；对生产车间的水、电、汽、冷、能耗量的要求；对各类仓库面积的计算及仓库温、湿度的特殊要求等。

工艺设计是整个设计的主体和核心。工艺设计的好坏直接影响到全厂生产和技术的合理性，并且和建厂的费用，生产的产品质量、产品成本，劳动强度等有密切的关系，所以工艺设计在整个工厂设计中占有很重要的地位。

二、预制菜工艺设计的原则

（一）食品安全性

食品安全是最重要的原则。确保在整个制作过程中遵循严格的卫生标准，符合食品安全要求，以防止细菌滋生和食物中毒。从原辅料采购、验收、仓储、领料、生产加工、配制、烹饪、分装、物流配送直到消费者服务等全部过程中，必须严格按照国家规定进行工艺设计。同时，应配备专职的食品安全管理人员，建立完备的食品安全管理体系，对进货的原料、生产场所、加工机械、各种容器、运输工具、工艺流程、配方与规格等进行严格的把关，同时对每批次产品留样并定期进行检测，从而保证食品安全。

（二）工艺流程优化

设计简化、高效的工艺流程，以最大程度地保留食品的营养和口感。避免过多的加工步骤，以防止品质损失。选择适当的烹饪方法和温度，确保菜品在烹饪过程中均匀受热，不过度或不足。

（三）营养均衡

确保在生产过程中，菜品中包含多种不同的营养物质，以满足人体所需的各种营养元素。依照《中国居民膳食指南（2022）》，通过提供多样化的食材、平衡的蛋白质、控制盐分和油脂、适量的热量以及补充维生素和矿物质等方式，确保菜品提供全面的营养素。

（四）包装和标签

使用符合食品安全标准的包装材料，为每个预制菜品附上清晰的标签，包括成分、保质期、加热指南等信息。在设计工艺时，考虑减少食物浪费、能源消耗和环境影响。选择可持续的包装材料和生产方法。

（五）市场需求及品质

基于大数据捕捉消费动向，根据消费群体需求和市场趋势设计预制菜，精心选料、加工、烹调，通过适当的工艺设计及配方，生产出色、香、味、形、质俱佳的产品，提供多样性的选择。

三、预制菜工艺设计的流程及需要考虑的要素

首先要明确产品和工艺，这是整个工艺设计的核心。根据市场需求和战略规划来决定所需生产的产品类型、生产规模，根据产品类型来决定生产要采用的生产工艺，根据生产工艺来决定设备的设计和选型。结合生产流程、设备配置、人物流动向设计车间布局，完善配套设施（如图7-1）。

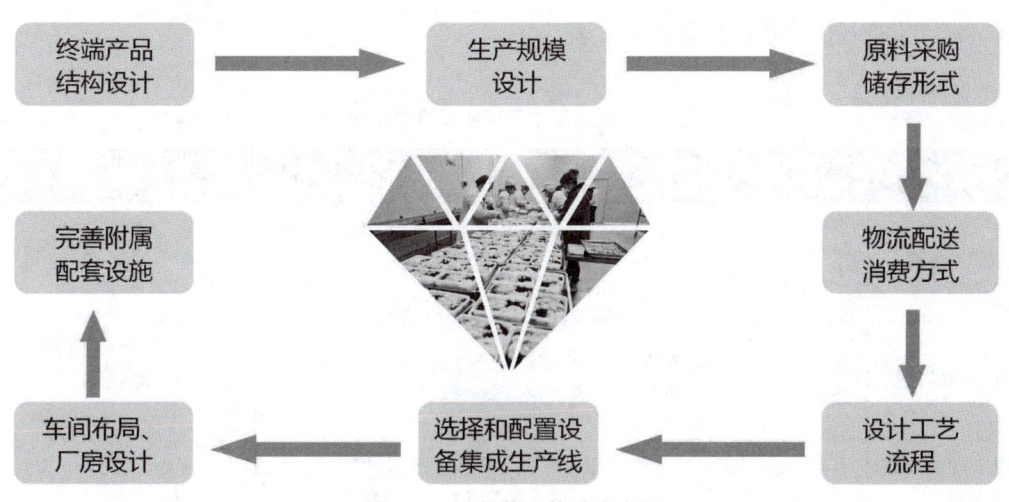

图7-1 预制菜工艺设计流程

（1）在流程上应将人流、物流、产品流以及水流、气流等严格区分，杜绝交叉；食品的生熟区域以及周转盛器等通过颜色和材质加以区分，实施"目视"管理；人员专用通道设置风淋房、消毒区。

（2）大容量的冷库能满足包括原辅料、半成品、成品以及中央厨房与连锁门店或项目点之间的半成品或成品储存与配送的温、湿度要求，例如，半成品蔬菜在4℃冷库内可贮存2d，荤类食品及熟制半成品在-18℃冷库内贮存15d，确保食品的温度和有效期得到有效控制的同时，能满足整个物流的配送供应。

（3）食物烧制应采用高热值、低能耗的设备完成，在节省能耗的同时提高了劳动效率，实现烹饪加工工艺标准化。

（4）成品的分装或包装应在输送线上一次性完成，免去两次分装，每份预制菜的规格和重量保持一致。

（5）对食品的温度、压力、时间等进行跟踪，确保符合HACCP的要求。

第二节 预制菜加工场所布局及要求

一、预制菜生产场所及作业区划分

在设计与布局上应设置与加工方式及加工品种、数量相适应的原料储存、原料加工、烹调热加工、食品冷却、分装（或内包装）、外包装、待配送食品储存、工用具清洗消毒和保洁等生产加工场所，以及更衣室、检验室等。生产加工场所分为一般作业区、准清洁作业区、清洁作业区，各作业区均应设置在室内，且独立分隔。生产加工场所的使用面积应≥300m²，并与加工食品的品种和数量相适应。《长三角预制菜生产许可审查指引》中将预制菜常规生产场所作业区划分如下（表7-1）。

表7-1 预制菜生产场所及作业区划分

产品	一般作业区	准清洁作业区	清洁作业区
冷藏即热菜肴	原料验收区、外包装区、仓储区等	原料预处理区、产品调味区、配料区、半成品贮存区、热加工区（含熟制热加工区）等	即食菜肴冷却区、内包装间等
冷藏即食蔬果类	原料验收区、挑拣区、外包装区、仓储区等	清洗区、蔬菜切分区、水果消毒区、水果漂洗区等	水果切分区、蔬菜消毒区、蔬菜漂洗区、内包装区等
其他非即食冷藏预制菜类	原料验收区、外包装区、仓储区等	原料预处理区、产品调味区、配料区、热加工区、内包装区等	—

二、加工场所的布局及要求

生产加工场所应按照原料进入、原料处理、半成品加工、成品制作、食品冷却、分装、包装及待配送食品储存的顺序合理布局，遵循从进料到出料的一致流向，最小化工作人员的移动和材料的搬运，以提高工作效率，防止食品在存放、操作中产生交叉污染。合理利用厂房的空间，尽量减少不必要的空隙和浪费，确保设备和工作人员的活动空间充足。即食食品（即可直接食用的食品）分装（冷却、暂存）应当设置专间，其面积应与食品品种和数量相适应。单纯分装即食调味料（如火锅蘸料）的分装间面积不小于15m^2，其他即食食品的分装间面积不小于30m^2。

不同类型预制菜具体产品分区和要求有所不同。

（一）冷藏即食菜肴

1. 原料预处理

畜禽类、果蔬类、水产类食品原料预处理场所应分隔或分离；即食原料预处理场所应独立设置，与非即食原料分隔，并明确标识，避免交叉污染。

2. 独立隔间

冷藏即食菜肴热加工、冷却、包装，冷藏即食蔬果类原料加工（清洗、切分、消毒、漂洗）等生产场所应独立隔间，其面积比例应相互协调。消毒后的工用具、容器或者接触直接入口食品的工用具和容器，应存放在专用保洁设施或者场所内。

3. 包装间

冷藏即食菜肴包装间设计参照《医药工业洁净厂房设计标准》(GB 50457)，洁净级别应不低于D级，或《食品工业洁净用房建筑技术规范》(GB 50687)，洁净级别不低于Ⅲ级。

4. 环境温度要求

包装间环境温度低于5℃的，操作时间不作限制。

包装间环境温度处于5℃至15℃（含）的，菜肴出冷藏库到操作完毕入冷藏库的时间应≤90min。

包装间环境温度处于15℃至21℃（含）的，菜肴出冷藏库到操作完毕入冷藏库的时间应≤45min。

包装间环境温度高于21℃的，菜肴出冷藏库到操作完毕入冷藏库的时间应≤45min，且菜肴表面温度应≤15℃。

（二）冷藏即食果蔬类

冷藏即食果蔬准清洁作业区环境温度应不高于10℃。

冷藏即食果蔬清洁作业区环境温度应不高于5℃。

冷藏即食果蔬成品库环境温度应不高于5℃。

(三) 配套设施要求

1. 仓储设施

需冷藏贮存、运输的预制菜应配备冷藏库，冷藏库环境温度应为0~10℃，冷藏即食蔬果成品库环境温度应不高于5℃。冷藏库应具备配套的制冷系统或保温条件缓存区的封闭月台，同时与车辆对接处应有防撞密封设施。冷藏库门应配备限制冷热交换的装置，并设置防反锁装置和警示标识。冷藏库应配置温、湿度监测、记录、报警、调控装置。冷藏库温度传感器或温度记录仪应放置在最能反映食品温度或者平均温度的位置，建筑面积大于100m²的冷库，温度传感器或温度记录仪数量不少于2个。

2. 洗手设施

洗手设施采用非手动式，配备冷热水设施。

3. 清洁消毒设施

应设置畜禽类、果蔬类、水产类原料独立清洗水池。接触即食食品的工用具、容器的清洗消毒水池应专用，与清洁用具及接触非即食食品的工用具、容器清洗水池分开。采用自动清洗消毒设备的，设备上应配备温度监控和清洗消毒剂自动添加装置，温度监控装置应定期校准、维护。

4. 通风消毒设施

根据生产过程需要，配备通风排气、空气过滤设施。冷藏即食菜肴包装间和冷藏即食蔬果准清洁作业区、清洁作业区应配备通风、空气过滤等设施。根据产品、工艺特点配备臭氧等环境消毒设施。

第三节 预制菜加工场所项目建设

预制菜加工场所的建设涉及三个阶段：项目建设前准备阶段、项目建设实施阶段、项目生产运营阶段。准备阶段包括项目立项建议书、可行性研究与项目评估等决策部分；实施阶段包括编制设计任务书、技术设计、施工图设计、设备采购、工程施工、竣工验收等；运营阶段包括项目运营管理、产品研发、试生产、标准化、信息计划、生产管理、品质管理及物流配送等。

一、项目建设前的准备

(一) 项目立项建议书

在中央厨房项目确定之前，应编制立项建议书。立项建议书是项目建设的第一步，是投资项目的初步选择阶段。立项建议书要对拟建项目提出一个轮廓设想，主要从宏观上考察项目建设的必要性、建设条件的可行性和获利的可能性，并做出项目建设的投资建议和初步设想，为编制项目的可行性研究报告打下基础。在项目建议书中应对项目建设的规模和产品销售方向做出预测。

首先，从宏观上考察拟建项目是否符合国家长远规划、宏观经济政策和国民经济发展的要求，初步说明项目建设的必要性；从建设条件方面初步分析人力、物力、财务投入的可能性和条件的具备程度。

其次，对于批准立项的投资项目即可列入项目前期工作计划，开展可行性研究工作。

最后，对于涉及利用外资的项目，立项建议书应从宏观上论述合资、独资项目设立的必要性和可能性。在项目批准立项后，项目建设单位方可正式对外开展工作，编写可行性研究报告。

（二）可行性研究

在项目建议书获得批准后，应着手编写可行性研究报告。可行性研究是对拟建项目在工程技术、经济及社会，环境保护方面的可行性和合理性进行研究。具体而言，项目可行性研究是组织有关专家对拟建项目的若干个备选方案，从市场营销、技术、组织管理、社会及环境影响、财务、经济等方面进行调查研究，分析各方案是否可行，并对它们进行比较，从中选出最优方案的分析研究活动。

项目可行性研究是项目前期准备阶段的核心工作内容。项目可行性研究和评估的结论不仅关系到项目的投资决策，而且是实施过程中进行管理工作的重要指导性文件和竣工验收的主要依据。

（三）项目评估

编写好的可行性研究报告要经技术专家进行论证，并提出合理化建议后，根据专家意见来确定项目是否可行。项目评估可以从不同角度去分析，包括企业投资项目、政府投资项目、金融机构贷款项目。项目的评估原则包括：科学决策原则，民主决策原则，多目标综合决策原则，风险责任原则，可持续发展原则。

二、项目实施阶段

（一）项目设计任务书

项目设计任务书是在可行性研究的基础上，择其最佳方案按照项目的隶属关系，由项目管理部门组织、设计部门进行编制的。

项目设计任务书是一个指令性的文件，是确定基本建设项目、编制设计文件的主要依据。各类建设项目内容不尽相同，一般包括以下内容。

①建设的目的、依据及建设项目名称。

②建设规模、产品方案、生产方法和工作制度。

③原材料、燃料、动力（水、汽、电）等供应情况。

④厂址和地点的地理自然条件、交通、运输、防空、防震等要求。

⑤资源综合利用和"三废"治理的要求。

⑥建设工期及设计、施工单位名称。

⑦投资控制数及劳动定员控制数。

⑧要求达到的经济效益和技术水平。

⑨对改、扩建工程项目要说明原固定资产的利用程度和现有生产潜力的发挥情况。

（二）技术设计与施工图设计

预制菜生产加工场所项目建设的设计工作一般分为工艺设计和非工艺设计。工艺设计在本章的第一节中已经做了具体介绍。那么非工艺设计是根据工艺设计的要求和所提出的数据进行设计的。包括总平面、土建、采暖通风、给排水、供电及自控、制冷、动力、环保等设计，有时还包括设备设计。设计工作必须以已批准的可行性研究报告、设计计划任务书以及其他有关资料为依据，它是在市场预测（包括建设规模）和厂址选择之后的一个工作环节。

对于一般性的大中型基建项目，采用二阶段设计，即扩大初步设计和施工图设计。对于工艺比较复杂的项目，还应增加工艺设计。小型项目有的也可指定只做施工图设计。国内食品工厂设计项目，一般只做二阶段设计。

（三）施工

建设项目的实施包括施工组织设计、施工准备、施工过程、生产准备和竣工验收等步骤，也称为施工阶段。

1．施工组织设计

施工组织设计是指导工程施工活动的计划文件，一般包括施工组织总设计、单位工程施工组织设计、分部分项工程施工组织设计三种类型。主要包括施工方案的确立和主要施工机具的选择、施工要素的落实（包括材料、设备、劳动力）、施工现场机构的组建、施工平面的布置。

2．施工准备

施工准备是根据施工图设计和施工组织设计，是由施工企业进行的第一项具体工作，它的部分工作要同施工组织设计同步进行。施工准备活动包括施工活动所需要的设备材料的准备、组建施工队伍、准备施工活动所需要的各种现场条件等。施工单位应根据设计单位提供的施工图，编制施工预算。施工预算如果突破设计预算，要讲明理由，上报原批准单位批准。

3. 施工过程

施工过程是施工阶段具体地配置各种施工要素形成投资产品的过程，是投入劳动量大、时间长的工作，是施工企业管理的基本任务。施工前要认真做好施工图的会审工作，明确质量要求。施工中要严格按照设计要求和施工验收规范进行，确保工程质量。

（四）竣工验收

竣工验收是工程施工阶段的最后一项工作，它是对建设项目的第一次全面检查和评定，也为下一步投产经营活动做准备。大中型和限额以上基本建设和技术改造项目（工程），由国家计委或由国家计委委托项目主管部门、地方政府部门组织验收。小型和限额以下基本建设和技术改造项目（工程），由项目（工程）主管部门或地方政府部门组织验收。

竣工项目验收前，建设单位要组织设计、施工等单位先行验收，向主管部门提出竣工验收报告，并系统整理技术材料，绘制竣工图。验收工作应严格按照施工图等设计文件进行，由投资单位、设计单位、施工企业共同参与。项目验收合格后，要将技术资料存入档案，移交生产单位保存。建设单位要认真清理所有财产和物资，编制好工程竣工决算，办理各种移交手续，报上级主管部门审查。

竣工项目验收交接后，应对投资项目进行评估。投资项目后评估是在项目投资使用阶段，根据实际的结果和各种数据对投资项目进行综合评价，它应与工程项目决策阶段的经济评价工作相对应，其主要目的是总结工程项目的投资经验。

第四节　预制菜生产管理

一、生产计划

（一）生产能力

生产能力是生产系统内部各种资源能力的综合反映，直接关系着能否满足市场需要，所以在制订生产计划前，必须了解企业的生产能力。企业的生产能力有广义和狭义之分。

广义的生产能力是指技术能力和管理能力的综合。技术能力包括人的能力和生产设备、面积的能力。人的能力是指人员数量、实际工作时间、出勤率、技术水平、思想觉悟等因素的组合；生产设备、面积的能力是指生产设备、面积的数量、水平、开动率、完好率等因素的组合。管理能力包括管理人员的管理经验与成熟程度、应用管理理论与方法的水平和提高效率的能力等。狭义的生产能力主要是指技术能力中生产设备、面积的数量和状况等能力。

一般所讲的生产能力是指狭义的生产能力，即企业在一定时期内，在一定的生产技术组织条件下，全部生产性固定资产所能生产某种产品的最大数量或所能加工处理某种原材料的最大数量。生产能力是反映企业生产可能性的一个重要指标。

（二）生产计划的编制

编制生产计划可以归纳为以下四个主要步骤。

1. 调查研究

编制生产计划之前，要对企业经营内外部环境进行调查研究，充分收集各方面的信息资料，主要包括国内外市场信息资料、预测，上期产品销售量，上期合同执行情况及成品库存量，上期计划的完成情况，企业的生产能力，原材料及能源供应情况，品种定额资料，成本与售价等。

2. 统筹安排，初步提出生产计划指标

这一阶段的任务就是制定出多种方案，并从中选择一个较满意的方案。通常要进行以下工作：产量指标的优选和确定，产品出产进度的合理安排，各个产品品种的合理搭配，将企业的生产指标分解为各个分厂、车间的生产指标。

3. 综合平衡，编制计划方案

在拟订和优化计划方案时，由于种种原因，往往不可能把所有约束条件和各种目标都考虑进去，因此必须围绕生产任务进行全面反复的综合平衡。综合平衡的主要内容包括：生产任务与生产能力之间的平衡，测算企业设备、生产面积对生产任务的保障程度；生产任务与劳动力之间的平衡，测算劳动力的工种、数量，检查劳动生产率水平与生产任务是否适应；生产任务与物资供应之间的平衡，测算主要原材料、动力、工具、外协件对生产任务的保障程度以及生产任务与材料消耗水平的适应程度；生产任务与生产技术准备工作的平衡等。

4. 生产计划大纲定稿与报批

通过综合平衡，对计划做适当调整，正确制定各项生产指标，报请总经理或上级主管部门批准。生产计划大纲的主要内容包括：编制生产计划的指导思想、主要生产指标、完成计划的难点及重点、采取的关键措施以及生产计划表。

（三）生产计划的重要性

生产计划在预制菜生产管理中起着至关重要的作用。一个有效的生产计划可以确保生产过程的顺利进行，满足市场需求，并提高生产效率和产品质量。

生产计划需要根据市场需求和销售预测进行编制。通过市场研究和销售数据分析，了解产品的需求量和销售趋势，以此为依据来确定预制菜的生产数量和时间安排。这样可以避免生产过剩或供不应求的情况发生。

生产计划需要合理安排生产时间和资源。预制菜的生产需要考虑到原料采购、加工制作、包装和配送等环节，因此需要在生产计划中明确每个环节的时间和资源需求，确保各个

环节之间的协调和衔接，避免生产过程中的断层和浪费。

生产计划还需要考虑生产设备的容量和效率。根据设备的性能和产能，合理安排生产任务和生产线的配置，以最大程度地提高生产效率和资源利用率。对于预制菜生产来说，可能涉及多种不同的加工设备，需要考虑它们之间的协调和平衡，确保整个生产过程的流畅进行。

生产计划还需要考虑人力资源的合理配置。根据生产任务的数量和复杂度，确定所需的人员数量和技能要求，并进行合理的排班和培训，保证生产过程中有足够的人力资源支持并保证产品质量。

生产计划需要具备灵活性和可调整性。市场需求和销售情况可能随时变化，因此生产计划需要及时调整和优化，以适应变化的需求。同时，监控生产过程中的实际情况，及时作出调整和改进，以提高生产效率和产品质量。

一个有效的生产计划是预制菜生产管理中不可或缺的一部分，它对于确保生产过程的顺利进行、满足市场需求和提高生产效率至关重要。科学合理地制订生产计划，可以为企业实现稳定的生产和持续的发展打下坚实基础。

二、采购与供应链管理

（一）采购管理

采购管理是指为保障企业物资供应而对采购活动进行的计划下达、采购单生成、采购单执行、到货接收、检验入库、采购发票的收集到采购结算的采购活动全过程中物流运动的各个环节状态进行严密跟踪、监督，实现对企业采购活动执行过程的管理。具体主要包括以下几个方面。

1．采购计划和策略制订

根据企业的需求和战略，制订采购计划和策略，确定采购目标和重点。

2．供应商选择和管理

评估和选择合适的供应商，建立和维护供应商关系，进行供应商绩效管理。

3．供应商洽谈与合同签订

与供应商进行洽谈，商定合同条款和条件，并进行合同的签订和管理。

4．采购执行和跟踪

根据采购计划执行采购活动，跟踪供应商的交货和履约情况。

5．成本控制和优化

监控采购成本，进行成本分析和优化，寻找降低采购成本的机会。

6．风险管理

识别和评估采购过程中的风险，采取相应的措施进行防范和应对。

7. 供应链协调与合作

与其他部门和关键利益相关者进行协调和合作，实现供应链的协同和优化。

通过有效的采购管理，企业可以实现采购成本的控制和优化，确保供应链的稳定和可靠，提高企业的竞争力和绩效。

选择优质的原料食材供应商需从以下几个方面进行。

了解供应商的资质和证书：找到合法的、有资质的供应商。可以查询国家市场监督管理总局的官方网站，查看供应商是否拥有相关的食品生产或经营许可证等证书。

考虑供应商规模和信誉：选择有一定规模并且有良好信誉的供应商，可更有保障。可以通过调查市场情况、客户评价、供应商的社交媒体账户等方式，来了解供应商的规模、信誉和声誉。

关注食材的质量：在选择供应商时，需重点关注食材的质量。可以要求供应商提供食材检测报告和其他相关证明文件，如采购证明、生产记录等，并在自己的餐厅内对食材进行检验和抽检。

了解供应商的供货能力：考虑供应商的供货能力是否与企业的需求匹配，是否能够及时可靠地向您提供所需的食材。

注意供应商的服务态度和配送效率：选择供应商时，还需考虑其服务态度和配送效率。供应商需能够快速响应客户需求，及时解决问题，并确保食材的及时交付。

（二）供应链管理

1. 供应链管理的概念

供应链管理是指协调和管理企业与供应商、生产商、分销商和最终客户之间的物流和信息流，以实现产品或服务从原材料采购到最终交付的全过程管理。它涉及从供应商到客户的所有环节，包括采购、生产、运输、仓储、销售和售后服务等。

供应链管理的主要目标是优化整个供应链的运作，以确保产品或服务能够按时、高效地交付给客户，并实现成本最小化和客户满意度最大化。它需要跨部门和跨组织的合作和协调，以实现供应链中各环节的紧密衔接和协同工作。

供应链管理涉及以下几个重要的方面。

（1）供应商管理　选择可靠的供应商，建立稳定的供应关系，并与供应商进行有效的沟通和协作，以确保供应的及时性和质量的可控性。

（2）预测和需求管理　通过市场调研和需求预测技术，准确预测客户需求，并将其转化为生产计划和采购计划，以保持合理的库存水平和生产能力。

（3）计划和生产管理　制订生产计划、生产调度和生产控制等策略，以提高生产效率、降低成本，并确保产品质量符合要求。

（4）物流和运输管理　规划和管理物流网络，确保产品从供应商到客户的快速、可靠的运输，包括仓储、配送、运输方式选择和运输成本控制等。

（5）库存管理　通过合理的库存控制和库存优化技术，降低库存持有成本，同时确保满足客户需求和提供快速响应能力。

（6）信息流管理　建立有效的信息系统和沟通渠道，实现供应链各环节之间的信息共享和协同，以提高信息的准确性和及时性。

（7）流程改进和持续改进　不断优化供应链管理流程和方法，提高整体供应链的效率和灵活性，并持续改进以适应市场变化和客户需求的变化。

供应链管理的重要性在于它能够帮助企业提高生产效率、减少库存和运输成本、提供更好的客户服务，并增强企业在市场竞争中的优势。同时，它也促进了企业与供应链伙伴之间的紧密合作，实现共赢和持续发展。

2．建立可靠的供应链合作伙伴关系

在预制菜生产中，建立可靠的供应链合作伙伴关系是非常重要的。这种关系可以确保企业能够获得稳定的原料和材料供应，并及时响应市场需求和变化。

（1）可以保障原材料的品质和稳定性　可靠的供应商可以提供高质量、符合卫生标准和安全要求的原材料和材料，避免使用劣质的原材料和材料对产品质量和客户信任造成不良影响。同时，由于长期合作，双方存在更多的信任，供应方也会更加注重自己的产品品质。

（2）可以优化采购流程　选择合适的供应商，可以减少谈判和采购过程中的时间和成本。通过与供应商建立长期合作伙伴关系，厂商可以建立一个更高效、更可靠、更经济的采购流程和供应链管理系统。这样可以使企业更好地管理供应商，降低采购成本，提高采购效率。

（3）可以帮助分散风险　企业不能完全控制市场波动和供应链不稳定，如天气、政治、经济和自然灾害等。通过建立多个供应商关系和合作伙伴关系，企业可以分散风险，并在一个供应源出现问题时快速地切换到另一个供应源上，从而减少生产停滞时间和损失。

（4）可以提高竞争力　建立可靠的供应链合作伙伴关系，可以帮助企业在价格、质量、交货时间、服务和创新方面获得优势。这样可以更好地满足消费者的需求，并在市场上获得更大市场份额。

3．供应链管理的实施

（1）确定供应链的流程和环节　首先需要确定预制菜生产的整个供应链的流程和环节，包括原材料采购、生产制造、包装、质量检验、销售和配送等环节。同时，还需要了解与之相关的所有供应商、分销商和客户，并建立供应链网络图。

（2）选择可靠的供应商和分销商　选择优质的供应商和分销商非常重要，需要根据标准化评估体系来进行筛选，以确保供应商和分销商能够提供稳定的产品质量和服务水平。此外，还需要与供应商和分销商建立长期合作关系，共同完成供应链管理。

（3）完善供应链管理系统　建立完善的供应链管理系统，包括信息化、自动化和标准化

方面的系统，以便实现供应链各环节的协作和数据共享。例如，可以使用供应链协同平台、ERP系统、WMS（warehouse management system）系统等。

（4）加强库存管理　通过合理的库存管理，降低库存持有成本，同时确保满足客户需求和提高快速响应能力。可以通过库存预测和需求预测来优化库存水平，并制订合理的物流运营计划，提高物流效率和减少库存损失。

（5）保证生产和质量可控　保证预制菜生产和质量可控，需要建立严格的生产计划和生产管理制度，并进行生产过程监控和质量检验。此外，还需要对供应商的原材料进行严格的质量管理和控制，确保产品符合标准。

（6）实施供应链成本管理　实施供应链成本管理，包括成本控制和成本优化等方面的工作，以提高供应链效率和利润。例如，可以通过控制采购价格和交期、优化物流运输成本和降低库存成本等方式来降低整个供应链的成本。

（7）持续改进和优化　持续改进和优化供应链管理，包括跟踪和分析供应链整体经营绩效、产品质量、客户满意度等指标，发现问题和机会，制定改进方案，并落实到供应链管理实践中。

三、加工操作与工艺控制

（一）加工操作与工艺控制要点

对于预制菜加工生产流程，每一个环节必须标准化、数字化控制，使整体流程细化，从原材料的采购、验收、入库、粗加工、精加工、成品加工、包装、成品入库或发货、冷链或保温运输等所有流程都需要落实标准化、数字化，做到产品质量符合统一标准，在整体流程标准化和数字化的控制下可以让成本达到预期目标。

1. 工艺标准制定

制定明确的工艺标准，包括每道工序的具体操作步骤、时间、温度等参数要求。根据不同的预制菜种类和配方，确定合理的加工流程和操作规程。

2. 原材料选择与检验

严格选择优质、新鲜、安全的原材料，并建立供应商评估机制。对进货的原材料进行质量检验，确保符合标准要求，如外观、气味、口感和化学指标等。

3. 作业场所卫生控制

保持加工作业场所的清洁和卫生，定期清洁和消毒设备、工具、台面等操作区域。控制害虫、害兽和其他污染源的存在，确保无菌操作环境。

4. 加工过程控制

严格按照工艺要求进行加工操作，确保每个环节的准确性和一致性。控制加工中的时间、温度、压力、pH等关键参数，以确保产品的质量和安全性。

5. 温度和时间控制

根据不同的预制菜种类和工艺要求，控制加热、烹饪、冷藏等环节中的温度和时间，以确保细菌和其他有害微生物被彻底杀灭或控制在安全水平。

6. 防止交叉污染措施

加强防止交叉污染的管理，如设立分隔区域或使用专用设备、工具，避免不同原料或产品之间的混合污染。

7. 良好的员工卫生习惯

培养员工良好的卫生习惯，如穿着、佩戴适当的工作服、帽子和手套，勤洗手并使用洗手液。提供培训和宣传活动，教授员工食品安全知识和操作规范。

8. 检验与监测

建立产品抽样检验制度，对成品进行检测，确保符合食品安全和质量标准。定期进行工艺参数的检测与监测，确保加工过程中的稳定性和一致性。

9. 不合格品处理

建立不合格品的处理机制，对发现的不合格品及时处理，包括追溯原因、纠正措施和预防措施的制定与实施。

10. 记录与文档管理

建立完善的加工记录和文档管理系统，记录加工过程中的关键环节和参数，便于溯源和质量控制。保存相关的文件和检测报告等，以备日后的监管和审查。

（二）新时代对预制菜的加工要求

《"十四五"智能制造发展规划》中提出，到2025年的主要目标包括，70%的规模以上制造业企业基本实现数字化网络化，制造业企业生产效率、产品良品率、能源资源利用率等显著提升，智能制造能力成熟度水平明显提升。

科技赋能预制菜产业，正在引领行业向智能化迈进。智能装备、物联网和人工智能等先进技术正在为预制菜产业带来前所未有的机遇。智能装备的运用可以提高生产效率和产品质量，通过自动化流程和精确控制，实现规模化生产和个性化定制的双重目标。物联网技术则能够实现设备之间的联动和数据的实时监测，从而提高生产效率、降低能耗，并确保食品安全和质量。人工智能的应用则可以进行菜品口味分析、生产工艺优化和供应链管理等，为预制菜产业带来更高的智能化水平和个性化服务。智能化对预制菜产业发展的促进作用主要体现在以下几方面。

1. 智能化生产线

引入智能化生产线是预制菜加工工艺革新的重要一环。通过使用机器人和自动化设备，可以实现部分或全部的自动化加工过程。这样不仅可以提高加工效率，还可以降低人为操作带来的风险和减少错误。智能化生产线还可以根据不同的菜品需求进行灵活调整和配置，实现个性化定制和批量生产。

2. 数据驱动的配方设计

利用大数据和机器学习技术，可以对不同菜品的配方进行系统分析和优化。通过分析大量菜谱和食材数据，确定最佳的配方组合，以提高菜品的口感、营养价值和美观度。同时，这些数据还可以用于智能化生产线的控制和调节，实现精准化的制作过程。

3. 营养保留技术

在传统加工过程中，预制菜往往会因为加热或处理过程中的营养损失而影响其营养价值。然而，利用先进的营养保留技术，如低温蒸煮、快速冷冻和高压灭菌等，可以最大限度地保留食材中的营养成分和天然风味。这样既可以确保预制菜的美味，又可以满足消费者的健康需求。

4. 个性化定制和配送

随着智能化时代的到来，消费者对于个性化定制和配送的需求也不断增加。通过智能化生产线和物联网技术的应用，可以实现对预制菜的个性化定制，根据消费者的口味和营养需求进行调整。同时，配送环节也可以借助智能化技术实现更高效、即时和可追溯的配送服务，保证菜品的新鲜度和品质。

5. 可持续发展和环保意识

在智能化时代，预制菜加工工艺的革新还应注重可持续发展和环保意识。例如，采用环保包装材料和减少食材浪费的措施，可以降低对环境的影响，并推动可持续发展的目标。

四、生产车间管理

预制菜生产车间管理涉及多个方面，旨在确保产品的安全性、质量和卫生条件。具体包括以下几方面。

（1）卫生管理　保持车间内部和周边环境的清洁卫生，包括定期清洁场地、设备和工具，控制害虫和害兽，垃圾分类和及时清理等。

（2）工艺流程控制　管理和控制预制菜的生产工艺流程，确保符合食品安全标准和优化生产效率，包括原材料接收、存放和使用的管理，清洗、切割、烹饪、包装等操作的规范控制。

（3）员工卫生培训与监督　为生产车间员工提供食品卫生和操作规范的培训，确保员工了解和遵守相关的卫生要求和操作规程。同时，进行定期的监督和检查，纠正不合格行为并进行必要的纠正措施。

（4）设备维护与保养　监督和管理生产设备的维护和保养工作，确保设备的良好状态和正常运转。定期进行设备检查、保养和维修，及时更换损坏或老化的设备。

（5）温度和湿度控制　根据不同的预制菜种类和工艺要求，对车间内的温度和湿度进行控制，避免温度过高或过低，湿度过大或过小对食品质量造成影响。

（6）质量控制　建立质量控制体系，包括产品抽样检验、过程监控和问题反馈机制。进行产品质量抽样检测，确保产品符合规定标准和要求。

（7）库存管理　合理安排和管理原材料和成品的库存，避免库存积压和过期损耗。

（8）事故应急处理　建立事故和紧急情况的应急处理方案，包括灭火器具、急救设备和逃生通道的设置，培训员工应急处理流程和疏散演练等。

五、包装与标识

（一）包装与标识的要点

1．包装选择

选择符合食品安全标准的包装材料，如食品级塑料袋、密封盒、纸盒等。确保包装材料无毒、无异味，能够有效保护食品免受外界污染和物理损害。优先选用可降解、可回收材料，如纸盒、可降解塑料等，减少对环境的负面影响。

2．尺寸合适

根据预制菜的形状和大小，选择合适的包装尺寸，以确保食品在包装内能够保持良好的形状和状态。同时，也要考虑包装的便捷性和方便性，方便消费者携带和使用。

3．标签内容

标签应包含必要的产品信息，如产品名称、配料表、产地、净含量、保质期、储存条件、营养成分等。根据实际情况和法律要求，还可以添加其他重要信息，如生产日期、生产批次号、食用方法等。

4．标签设计

设计清晰、易读的标签，选择合适的字体、字号和颜色。标签上的文字和图案应明确、明显，以便消费者能够轻松理解和辨认。可以使用图示、图标等方式直观地展示食品特点，例如素食标识、营养成分表等。

5．标签粘贴位置

将标签粘贴在包装上，通常选择在包装的正面、侧面或顶部。确保标签平整、牢固，不易脱落，并能够方便地被消费者看到和阅读。

6．营养声明

如果预制菜具有特定的营养成分或功能性特点，可以在标签中添加相应的营养声明，如低脂肪、高纤维等。这需要符合相关法规的规定，并经过合法授权或认证。

7．提升产品价值

包装设计要与预制菜的特色相匹配，通过颜色、形状、材质等精心处理，彰显品牌形象，吸引消费者。

（二）包装与标识的管理控制

1．明确目标和政策

明确预制菜包装和标识的目标和政策很重要。这可能涉及产品的外观和吸引力，符合法规要求，传达品牌信息，以及确保产品安全等方面。

2．制定标准和规范

根据目标和政策，制定具体的标准和规范。包括包装材料的选择，标识的内容和位置，以及颜色和图形的使用等。

3．培训员工

经过培训使员工了解预制菜包装和标识的重要性和具体要求。可以通过培训课程，操作指南，或者一对一的指导来完成。确保员工理解并能够正确执行包装和标识的流程。

4．设立质量控制流程

在生产过程中，设置严格的质量控制步骤，以确保每一步都符合标准。例如，可以定期检查标识的准确性和清晰度，以及包装材料的合规性。

5．反馈和持续改进

收集市场反馈，评估消费者的反应，以及观察竞争对手的做法。利用这些信息来优化包装和标识策略，以更好地满足市场需求。

6．跟踪行业动态

关注行业动态和相关法规的变化，以确保预制菜的包装和标识始终符合最新的标准和规定。通过订阅行业新闻、参加行业会议和专业研讨会以及与行业协会保持联系，可以及时获取最新的信息和指导。

7．建立良好的沟通机制

与供应商、生产商和其他合作伙伴保持良好的沟通，确保他们对预制菜的包装和标识要求有清晰的理解，并能够按照要求进行操作。

六、质量控制

预制菜的质量控制包括两个含义：预制菜的食品安全和品质。食品安全指食品无毒、无害，符合应当有的营养要求，对人体健康不造成任何急性、亚急性或者慢性危害。而食品品质指的是食品的外观、色泽、气味、滋味、质地（如硬度、弹性、韧性等）和口感等特征。预制菜的质量控制体现在整个预制菜的生产流程中，主要包括以下几点。

（1）原材料选择与采购　质量控制开始于选择和采购合适的原材料。要确保原材料的新鲜度、品质和卫生安全符合国家和行业相关标准，对供应商进行严格审核，确保其具备相应的生产资质，通过与供应商建立稳定的合作关系，并对原材料进行抽样检测等方式，保证原材料的质量可控。

（2）生产工艺控制　生产工艺是影响预制菜质量的重要因素。通过确立适当的操作规程和标准作业程序（SOP），严格控制每个环节的操作方法、时间、温度等，以确保生产过程的一致性和稳定性，避免质量偏差或变异。

（3）检测与检验　质量控制过程中，需要进行各种检测与检验活动。包括对原材料的抽样检验、生产过程中的监控和检测（如温度、湿度、pH等），以及对最终产品的质量评估（如口感、外观、营养成分等）。这些检测与检验可以帮助发现潜在的质量问题，及时采取纠正措施，确保产品符合质量标准。

（4）清洁与卫生控制　预制菜加工过程中，加强清洁与卫生控制非常重要。包括生产场所的清洁和消毒、员工的健康状况监控、食品接触物的清洗和消毒等。这些措施有助于防止细菌、污染物和其他有害物质的侵入，保证产品卫生安全。

（5）环境管理　环境管理是保证质量控制的重要方面。包括建立和维护适宜的生产环境条件，如温度、湿度、通风等，以确保加工和储存环境的稳定性和适宜性。

> 思考题
>
> 1. 请论述预制菜加工场所建设需要考虑哪些问题。
> 2. 请思考预制菜生产管理包含哪些内容。

08 第八章 CHAPTER
预制菜食品安全监督管理

本章导学

预制菜产业是近年来发展迅猛的新兴食品产业，呈现一二三产业深度融合发展的特点，其产业链条长、关联广、技术要求高，在促进农产品深加工、食品工业转型、消费升级、创业就业等方面均有积极意义。但预制菜也面临范围泛化、标准不统一、产业政策扶持范围不一致、群众忧虑预制菜添加防腐剂等问题；监管工作面临着新挑战。《中共中央 国务院关于做好2023年全面推进乡村振兴重点工作的意见》提出要培育发展预制菜产业。市场监管总局等部门认真落实党中央、国务院决策部署，围绕预制菜产业发展、公众关切和监管需求，研究制定了《关于加强预制菜食品安全监管 促进产业高质量发展的通知》，旨在进一步强化预制菜食品安全监管，促进预制菜产业健康发展，保障人民群众食品安全。该通知对预制菜行业监管具有重要意义，但是预制菜相关的食品安全国家标准尚未出台。

食品安全监督管理包括食品生产加工、流通和餐饮环节食品安全的日常监管；食品安全标准的制定/修订与实施；生产许可和强制检验等食品质量安全市场准入制度；良好生产规范（GMP）、危害分析与关键控制点（HACCP）等食品生产经营过程的质量保证体系；食品行业和企业的自律及其相关食品安全管理活动等，是政府行使行政管理职能和生产经营者履行职责和义务以保障食品安全的重要措施。开展食品安全监督管理工作要以《食品安全法》为法律依据，按相关法律法规、规章、标准和文件指导监督管理工作，确保食品安全。

那么，现行的食品安全监督管理体制是否很好地适用预制菜呢？针对上述问题，本章将重点从预制菜的监管体制、监管法律及标准依据、生产经营许可等方面进行讨论。

学习目标

1. 了解食品监管体制。
2. 了解预制菜食品安全监管依据的现状。
3. 熟悉预制菜生产许可审查细则的相关知识。
4. 能够根据食品安全监督管理的一般要求，提出预制菜监管要求。

第一节
食品安全监督管理的概念

一、预制菜食品安全监督概述

食品安全监督是指为了保证食品安全，防止食品污染和有害因素对人体的危害，保障人体健康，增强体质，由食品安全监督主体依据食品安全法律法规授权，在其管辖范围内，按法定程序对食品生产经营单位和个人在食品供应链全过程中执行食品安全法律法规、规章和标准的情况进行检查、监测、监督和处罚的行政执法过程。食品安全监督是由《食品安全法》所确立的，是国家职能部门依法对食品生产、流通企业和餐饮业的食品安全相关行为开展法律范围内的强制监察活动。

根据《食品安全法》对食品的定义，预制菜属于食品的一种类型，其生产经营活动必须遵守《食品安全法》相关规定，与预制菜相适应的下位法律法规、标准及规范应当遵照《食品安全法》制定，构成预制菜食品安全监管体制中的监管依据。

二、食品安全监督管理内容

食品安全监督管理的主要内容有食品安全风险监测、食品安全风险评估、制定和实施食品安全标准、公布食品安全信息、食品安全应急处置、食品生产经营企业自身管理与监督管理、食品安全追溯、食品召回制度等。

（一）食品安全风险监测

食品安全风险监测是通过系统和持续地收集食源性疾病、食品污染以及食品中有害因素的监测数据及相关信息，并进行综合分析和及时通报的活动，亦即对食源性疾病、食品污染及食品中的有害因素进行监测，包括制定国家和地方的食品安全风险监测计划并组织实施，分析监测发现的问题并及时进行处理和整改。食品安全监测和评价结果对于掌握食品安全动态，及时开展有针对性的食品安全监督有重要意义。《食品安全法》规定，国家食品安全风险监测计划由国务院卫生行政部门会同国务院食品安全监督管理部门，共同制定、实施。

（二）食品安全风险评估

《食品安全法》规定，我国建立食品安全风险评估制度，运用科学方法，根据食品安全风险监测信息、科学数据及有关信息，对食品、食品添加剂、食品相关产品中生物性、化学性和物理性危害因素进行风险评估。国务院卫生行政部门负责组织食品安全风险评估工作，成立由医学、农业、食品、营养、生物、环境等方面的专家组成的食品安全风险评估专家委员会进行食品安全风险评估。食品安全风险评估结果是制定、修订食品安全标准和实施食品安全监督管理的科学依据。

（三）制定和实施食品安全标准

制定食品安全国家标准和地方标准，并保证其切实执行，也是食品安全监督的重要内容。制定食品安全标准应当依据食品安全风险评估结果和食用农产品安全风险评估结果，并参照相关的国际标准和国际食品安全风险评估结果。在制定过程中和正式发布前，还需广泛听取食品生产经营者、消费者、有关部门等方面的意见。食品生产企业可制定严于食品安全国家标准或地方标准的企业标准。

（四）公布食品安全信息

《食品安全法》规定，国家建立统一的食品安全信息平台，实行食品安全信息统一公布制度。国家食品安全总体情况、食品安全风险警示信息、重大食品安全事故及其调查处理信息和国务院确定需要统一公布的其他信息由国务院食品安全监督管理部门统一公布。食品安全风险警示信息和重大食品安全事故及其调查处理信息的影响限于特定区域的，也可以由有关省、自治区、直辖市人民政府食品安全监督管理部门公布。未经授权不得发布上述信息。县级以上人民政府食品安全监督管理、农业行政部门依据各自职责公布食品安全日常监督管理信息。

（五）食品安全应急处置

《食品安全法》规定，国务院组织制定国家食品安全事故应急预案。县级以上地方人民政府负责制定本行政区域的食品安全事故应急预案，食品生产经营企业也应当制定食品安全事故应急处置方案，定期检查和落实，及时消除事故隐患。县级以上人民政府食品安全监督管理部门接到食品安全事故的报告后，应当立即会同同级卫生行政、农业行政等部门进行调查处理，并采取相应的措施，防止或者减轻社会危害。

（六）食品生产经营企业的自身管理与监督管理

《食品安全法》规定，国家对食品生产经营实行许可制度。从事食品生产、食品销售、餐饮服务，应当依法取得许可。但是，销售食用农产品和仅销售预包装食品的，不需要取得许可。仅销售预包装食品的，应当报所在地县级以上地方人民政府食品安全监督管理部门备案。

食品生产经营企业应当建立健全食品安全管理制度，对职工进行食品安全知识培训，加强食品检验工作，依法从事生产经营活动。食品生产经营企业应当配备食品安全管理人员，加强对其的培训和考核，考核不合格者不得上岗。食品安全监管部门应当对企业食品安全管理人员随机进行监督抽查考核并公布考核情况。食品生产经营者应当建立食品安全自查制度和从业人员健康管理制度。食品生产经营企业应努力达到良好生产规范要求，实施危害分析与关键控制点体系，提高自身的食品安全管理水平。

（七）食品安全追溯

《食品安全法》规定，国家建立食品安全全程追溯制度。食品生产经营者应建立食品安全追溯体系，保证食品可追溯。国家鼓励食品生产经营者采用信息化手段采集、留存生产经营信息，建立食品安全追溯体系。国务院食品安全监管部门会同农业行政等有关部门建立食品安全全程追溯协作机制。

预制菜食品原料种类丰富、来源广泛，建立从农田到餐桌全程追溯体系是保障预制菜食品安全的迫切需要。

（八）食品召回制度

《食品安全法》规定，国家建立食品召回制度。食品生产者发现其生产的食品不符合食品安全标准或有证据证明可能危害人体健康的，应当立即停止生产，召回已经上市销售的食品。食品经营者发现其经营的食品不符合食品安全标准或有可能危害人体健康的，应当立即停止经营，并通知相关生产经营者和消费者。食品生产者认为应当召回的，应当立即召回。如是由于食品经营者的原因造成的，食品经营者应当召回。食品生产经营者应当对召回的食品采取相应的无害化处理、销毁或补救等措施。食品生产经营者应当将食品召回和处理情况向所在地县级人民政府食品安全监督管理部门报告，食品安全监督管理部门认为必要的，可以实施现场监督。食品生产经营者未依照相关规定召回或者停止经营的，食品安全监管部门可以责令其召回或者停止经营。

（九）其他

协助培训食品生产经营人员，并监督其健康检查；采用各种形式向消费者和食品生产经营者宣传食品安全和营养知识，提高消费者对伪劣食品和"问题食品"的识别能力，提高生产经营者的守法意识；对食品生产经营企业的新建、扩建、改建工程的选址和设计进行预防性卫生监督和审查；对重大食品安全问题和热点问题进行专项检查和巡回监督检查；对违反《食品安全法》的行为依法进行行政处罚，对情节严重者，依法追究其法律责任；食品行业协会应加强行业自律，引导食品生产经营者依法生产经营，推动行业诚信建设等。

第二节 食品安全监管体制

一、食品安全监管体制的概念

（一）食品安全监管体制的定义

食品安全监管体制是关于食品安全管理职责和权利分配的具体组织形式和制度形式的总称。这其中既包括了组织机构，又包括了机构的运行机制和状态。食品安全监管体制的建立，既需要先进的"硬件"设置，又需要先进的"软件"设置。"硬件"设置是指基本的监管机构、设备条件以及一批相配套的专业技术人员；"软件"设置是指相对先进和完善的管理经验及运行模式。

（二）食品安全监管体制的类型

从本质上讲，食品安全监管属于一种执法领域的行政权力，该行政权力不同于其他权力的一个突出特点，即它是国家行政机关依靠特定的强制手段而得以实现的。因此，这种强制应该具备必要的制约和监督机制。20世纪中叶，多部门监管模式已成为包括美国在内的许多国家食品监管的主要模式，其中有代表性的有美国、西班牙、日本、法国和印度等。我国也经历了由单一部门监管向多部门监管模式转变，但随着食品产业发展，这种监管模式在运行中逐步暴露了职能交叉、责任不清、效率低下、权威不够等弊端。

近年来，各国为了适应新的食品安全形势进行了调整，其中有代表性的有两种模式：一种是将食品安全监管机构进行整合，建立独立统一的监管机构；另一种是在不改变多部门联合监管体制模式下，建立权威机构以加强对各监管机构的协调。建立食品安全集中统一监管体制，有利于加大部门之间的协调配合力度，提高食品安全监管的效能和水平；相关监管部门之间分工明确，各司其职，积极配合，监管到位，使食品安全管理水平不断得到提高，避免了仅由政府单一监督造成的监管职能弱化的弊端，也避免了"九龙治水"、多头监管的低效弊端。

二、我国现行的食品安全监管体制

食品生产经营者是食品安全第一责任人。食品生产经营者应当依照法律法规和食品安全标准从事生产经营活动，保证食品安全，诚信自律，对社会和公众负责，接受社会监督，承担社会责任。根据《食品安全法》，我国现行食品安全监管体制由国务院、地方政府和行业协会等层面开展食品安全监督管理，实行预防为主、风险管理、全程控制、社会共治的原则，建立科学、严格的监督管理制度。

（一）国家层面的食品安全监管体制

国务院设立食品安全委员会，负责分析食品安全形势，研究部署、统筹指导食品安全工作；提出食品安全监管的重大政策措施；督促落实食品安全监管责任。

国务院食品安全监督管理部门依照《食品安全法》和国务院规定的职责，对食品生产经营活动实施监督管理。国务院卫生行政部门依照《食品安全法》和国务院规定的职责，组织开展食品安全风险监测和风险评估，会同国务院食品安全监督管理部门制定并公布食品安全国家标准。国务院其他有关部门依照《食品安全法》和国务院规定的职责，承担有关食品安全工作。

（二）地方政府层面的食品安全监管体制

县级以上地方人民政府对本行政区域的食品安全监督管理工作负责，统一领导、组织、协调本行政区域的食品安全监督管理工作以及食品安全突发事件应对工作，建立健全食品安全全程监督管理工作机制和信息共享机制。县级以上地方人民政府依照《食品安全法》和国务院的规定，确定本级食品安全监督管理、卫生行政部门和其他有关部门的职责。有关部门在各自职责范围内负责本行政区域的食品安全监督管理工作。县级人民政府食品安全监督管理部门可以在乡镇或者特定区域设立派出机构。

（三）行业协会监督

食品行业协会应当加强行业自律，按照章程建立健全行业规范和奖惩机制，提供食品安全信息、技术等服务，引导和督促食品生产经营者依法生产经营，推动行业诚信建设，宣传、普及食品安全知识。消费者协会和其他消费者组织对违反《食品安全法》规定，损害消费者合法权益的行为，依法进行社会监督。

三、食品安全监督的依据

（一）法律依据

食品安全监督的法律依据是指食品安全监督主体的食品安全监督行为成立的法律根据。食品安全监督主体在监督过程中，应当遵循我国颁布的所有食品安全法律规范。

我国食品安全监督法律依据有具体的表现形式。不同的表现形式由国家不同等级的主体制定，在食品安全法律体系中的地位、法律效力也不同。等级高的主体制定的法律法规自然高于等级低的主体制定的法律法规。在食品安全法律体系中，法律效力层次从高到低依次为食品安全法律、食品安全法规、食品安全规章、食品安全标准、规范性文件等。当下级法律法规同上级相抵触时，就不能适用于下级法律法规。由于食品安全法律法规的复杂性，上述法律的效力层次存在一些特殊规则，如特别法效力优于一般法、新法优于旧法、法律文本优于法律解释。

食品安全法律规范是我国食品安全法律体系的基础，其中《中华人民共和国食品安全法》是我国食品安全法律体系中法律效力层级最高的法律法规文件，也是制定食品安全法规、规章及其他规范性文件的依据。与《食品安全法》配套的法规有《中华人民共和国食品安全法实施条例》。此外，《中华人民共和国农产品质量安全法》及《中华人民共和国产品质量法》同上述法律法规或规定一样，也是开展食品安全监督的法律依据。

（二）技术依据

食品安全监督技术依据是指食品安全监督主体在实施食品安全监督中遵照执行的技术法规，包括技术法规、标准、技术规范、规程等。

1．技术法规

技术法规指规定强制执行的产品特性或其相关工艺和生产方法（包括适用的管理规定）的文件，以及规定适用于产品、工艺或生产方法的专门术语、符号、包装、标志或标签要求的文件。这些文件可以是国家法律法规、规章，也可以是其他的规范性文件，以及经政府授权由非政府组织制定的技术规范，包括但不限于指南、准则、通知、办法、细则、意见、公告、通告等，如《食品生产许可管理办法》《食品经营许可和备案管理办法》《关于加强预制菜食品安全监管 促进产业高质量发展的通知》等。我国技术法规的最主要表现形式：一是法律体系中与产品有关的法律法规和规章；二是与产品有关的强制性标准、规程和规范。

2．标准

根据《标准化基本术语》的定义，标准是指对重复性事物和概念所做的统一规定。它以科学、技术和实践经验的综合结果为基础，经有关方面协商一致，由主管机关批准，以特定的形式发布，作为共同遵守的准则和依据。

3．技术规范

技术规范与技术法规概念相近，但技术规范强调规定产品、过程或服务应满足的技术要求的文件，并未上升到法律层面。技术规范可以是标准、标准的一个部分或与标准无关的文件。

4．规程

规程是为设备、构件或产品的设计、制造、安装、维修或使用而推荐惯例和程序的文件。规程可以是标准、标准的一个部分或与标准无关的文件。

由此可见，技术规范和规程可以是标准或是标准的一部分，因此标准在技术依据中占重要地位，食品安全标准在食品安全技术法规中也不例外。

（三）事实依据

食品安全监督的证据是指用以证明食品安全违法案件真实情况的一切材料和事实。

食品安全监督证据的特征包括客观性、关联性和合法性。根据我国《中华人民共和国行政诉讼法》（以下简称《行政诉讼法》）第三十三条的规定，行政诉讼的证据有8种，即物证，书证，证人证言，电子数据，当事人的陈述，鉴定意见，勘验笔录、现场笔录，视听资料。

1. 物证

物证是指用其外形及其他固有的外部特征和物质属性来证明食品安全违法案件事实真相的物品。伴随案件的过程形成的物证客观真实性很强，不像人证那样受主观因素的影响较多，容易变化或伪造。即使有人对物证做了歪曲反映，只要物证还存在，就不难被发现。不同的案件会形成不同的物证，此案件物证不能用来证明彼案件事实，即使是同一类型极为相似的物证也不能相互代替。

2. 书证

书证是指以文字、图画或符号记载的内容来证明食品安全违法案件的真实情况的物品。常见的证书有许可证照、公证书、通知书、合格证、证明书等。书证的主要特征：一是书证以文字、符号、图案的方式来反映人的思想和行为；二是书证能将有关的内容固定于纸面或其他有形物品上。

在食品安全监督中，书证的形成一般在案件发生之前，在案件发生之后被发现、提取而作为证据。在某些情况下，同一物品可以同时作为书证和物证使用。如果以其记载的内容来证明待证事实，就是书证；如果以其外部特征来证明待证事实，就是物证。

3. 证人证言

证人证言是指当事人以外的知道食品安全违法案件真实情况的人就其所知道的案情向食品安全监督主体以口头或书面方式所作的陈述。根据我国法律的规定，凡是知道案件情况的人，都有作证的义务；但是生理上、精神上有缺陷或者年幼、不能辨别是非、不能正确表达的人，不能做证人。

由于证人证言的形成一般经历了感受阶段、记忆阶段和反映阶段，因此证人证言的形成过程自然会受到客观环境和证人的主观感受、记忆质量以及语言文字表达能力的影响，这就决定了证人证言具有一定的客观性、可塑性、含有非客观叙述的内容等特点。

4. 电子数据

电子数据包括下列信息、电子文件：①网页、博客、微博客等网络平台发布的信息；②手机短信、电子邮件、即时通信、通讯群组等网络应用服务的通信信息；③用户注册信息、身份认证信息、电子交易记录、通信记录、登录日志等信息；④文档、图片、音频、视频、数字证书、计算机程序等电子文件；⑤其他以数字化形式存储、处理、传输的能够证明案件事实的信息。

5. 当事人的陈述

当事人的陈述是指食品安全违法案件的当事人就其了解的案件情况向食品安全监督主体

所作的陈述。当事人是案件的直接行为人，对案件情况了解得比较多，当事人的陈述是查明案件事实的重要线索，应当加以重视。由于当事人在案件中是食品安全监督相对人，与案件的处理结果有利害关系。因此，在审查判断当事人陈述时，应当注意这一特点，对当事人的陈述应客观对待，注意是否有片面和虚假的部分。当事人的陈述只有和其他证据结合起来，综合研究审查，才能确定能否作为认定事实的依据。

6. 鉴定意见

鉴定意见是指鉴定人员运用专门知识、仪器设备就与食品安全违法案件有关的专门问题进行鉴定后所提出的书面意见。鉴定意见是根据医学、科学技术所作的分析和判断，作为一种证据，有其特殊的价值，但是有时由于受到主客观条件和科学技术水平的限制，也不一定准确。所以对于鉴定意见同样需要进行审查判断。

7. 勘验笔录、现场笔录

勘验笔录是指食品安全监督人员对能够证明食品安全违法案件事实的现场或者不能、不便拿到监督机关的物证，就地进行分析、检验、勘查后所作的记录。现场笔录是指食品安全监督人员在现场当场实施行政处罚或者其他处理决定时所作的现场情况的笔录。勘验笔录、现场笔录是客观事物的书面反映，也是保全原始数据的一种证据形式，一般是客观的，但是基于各种因素，有时也可能失实。所以，对于勘验笔录、现场笔录也必须在审查核实后才能使用。

8. 视听资料

视听资料是指利用录音、录像、计算机技术以及其他高科技设备等方式所反映出的音频、影像、文字或其他信息证明案件事实的证据，包括录像、录音、传真资料、电脑储存数据和资料等。

视听资料要作为食品安全监督证据使用，应附有制作人、案由、时间、地点、视听资料的规格等说明，并有制作人签名、贴封。同时食品安全监督主体对于这种证据，应辨别其真伪，并结合其他相关证据，确定其证据的效力。

四、食品安全监督手段

食品安全监督手段是指食品安全监督主体贯彻食品安全法律规范，实施食品安全监督过程中所采取的措施和方法。食品安全监督手段主要包括食品安全法制宣传教育、行政许可、食品安全监督检查、行政处罚等方面。

（一）食品安全法制宣传教育

食品安全法制宣传教育是指食品安全监督主体将食品安全法律规范的基本原则和内容向社会做广泛的传播，使人们能够得到充分的理解、认识和受到教育，从而自觉地遵守食品安全法律规范的一种活动。其根本目的是保护人民的健康，维护公民、法人和其他组织的合法权益。为了防止侵犯公民健康权益的违法行为的发生，应当以预防为主，对公民、法人和其他组织实施食品安全法制宣传教育，使广大人民知法、守法。

（二）行政许可

行政许可是指行政机关依据法定的职权，应行政相对方的申请，通过颁发许可证等形式，依法赋予行政相对方从事某种活动的法律资格或实施某种行为的法律权利的具体行政行为。《食品安全法》第三十五条规定：国家对食品生产经营实行许可制度。从事食品生产、食品销售、餐饮服务，应当依法取得许可。但是，销售食用农产品和仅销售预包装食品的，不需要取得许可。县级以上地方人民政府食品安全监督管理部门应当依照《行政许可法》的规定，审核申请人提交相关资料，必要时对申请人的生产经营场所进行现场核查；对符合规定条件的，准予许可；对不符合规定条件的，不予许可并书面说明理由。

（三）食品安全监督检查

1．概述

食品安全监督检查是指食品安全监督主体依法对管理相对人遵守食品安全法律法规和具体行政决定所进行的了解和调查，并依法处理的卫生行政执法活动。食品安全法律、规范、规章颁布实施后和行政决定、命令生效后，食品安全监督主体必须对遵守情况进行检查监督。

2．食品安全监督检查的分类

（1）定期食品安全监督检查与不定期食品安全监督检查　定期食品安全监督检查是指食品安全监督主体按照食品安全监督工作计划和要求，在一定时期内（如一个月、半年、一年等）有规律地对管理相对人进行若干次监督检查。这种监督检查对相对人会产生稳定的警戒作用，促使其事先做好准备。不定期食品安全监督检查是指没有固定的时间间隔的监督检查。这种监督检查时相对人无法有准备地应付检查，更有利于客观、真实地发现问题，以便纠正违法行为。

（2）一般食品安全监督检查与特定食品安全监督检查　这是根据监督检查对象是否为特定相对人所做的分类。一般食品安全监督检查是指食品安全监督主体对不特定的管理相对人遵守食品安全法律法规、规章的情况进行普遍的监督检查。一般食品安全监督检查可以使食品安全监督主体从宏观上把握相对人的守法情况，起到宏观控制的作用。特定食品安全监督检查是指食品安全监督主体针对特定的管理相对人遵守食品安全法律法规、规章的情况进行的监督检查。特定食品安全监督检查可以使食品安全监督主体从微观上把握相对人的守法情况，制止和纠正具体的违法行为。

（3）全面食品安全监督检查与重点食品安全监督检查　全面食品安全监督检查是指食品

安全监督主体对管理相对人进行食品安全法律规范要求的全部内容的监督检查。重点食品安全监督检查是指食品安全监督主体对部分相对人或食品安全法律规范的部分要求，或针对部分相对人对法律规范的部分要求进行的食品安全监督检查。

此外，食品安全监督检查还可以从其他不同的角度进行分类，如根据食品安全监督检查的时间阶段分类，可分为事前食品安全监督检查、事中食品安全监督检查、事后食品安全监督检查；根据食品安全监督检查与监督主体的职权关系作分类，又可分为依职权食品安全监督检查与依授权食品安全监督检查。

（四）行政处罚

行政处罚是指食品安全监督的主体为维护公民健康，保护公民、法人或其他组织的合法权益，依法对相对人违反卫生行政法律规范、尚未构成犯罪的行为给予的惩戒或制裁。行政处罚是食品安全监督的重要手段。

行政处罚具有如下特征：行政处罚的主体具有法定职权的监督主体；行政处罚的对象是违反食品安全法律规范的管理相对人；行政处罚的前提是管理相对人实施了违反食品安全法律规范且未构成犯罪的行为；行政处罚的目的是行政惩戒制裁。

行政处罚必须遵循处罚法定原则，处罚公正、公开原则，处罚与教育相结合原则，做出罚款决定的机构与收缴罚款的机构相分离的原则，事不再罚原则，处罚救济原则。

第三节 预制菜相关法律与标准

一、法律法规的基本概念和特征

（一）法律法规的基本概念

法律法规是国家制定或认可并由国家强制力保证实施的规范性文件总称。法律由享有立法权的立法机关（在我国是全国人民代表大会及其常务委员会），依照法定程序制定或认可，并由国家强制力（主要是司法机关）保证实施，反映由特定物质生活条件所决定的统治阶级意志，以规定当事人权利和义务为内容，以确认、保护和发展统治阶级所期望的社会关系和社会秩序为目的，对全体社会成员具有普遍约束力。

法规是指国务院及其行政部门依据职权或被授权制定及颁布的法令、条例、规则、章程等法定规范文件的总称，如国务院颁布的行政法规（常以法令的形式出现）、省级人民代表大会及其常设机构颁布的地方性法规、自治机构权力机关颁布的自治法规、国务院行政部门及省市人民政府颁布的部门规章和地方规章等。

（二）法律法规的基本特征

在阶级社会，法律法规集中反映统治阶级根本的、共同的、整体的愿望和利益要求，具有如下基本特征。

1. 法律法规是调整人们行为或社会关系的一种特殊社会规范

社会规范有很多种，按内容可分为思想规范、政治规范、法律规范、道德规范、生活规范、工作规范与学习规范等。法律法规作为一种特殊的社会规范，在形式上具有规范性、一般性和概括性特征。

2. 法律法规由国家制定或认可

社会规范只有经过国家的制定或认可，才有可能成为法律法规。制定法律法规是指国家有权制定法律法规的权力机关依照法定程序制定不同法律效力的规范性文件，表现为成文法；认可是指国家根据需要，对社会上早已存在且符合统治阶级根本利益的风俗习惯、社会道德、宗教伦理等行为规范加以确认，并赋予一定的法律效力，表现为习惯法。

3. 法律法规由国家强制力保证实施

法律法规由国家强制力保证实施，其强制性表现为通过国家机关的法律适用活动，强制适用对象履行法定义务，对违法行为予以制裁，以维护法律法规的权威性。

4. 法律法规是权利和义务的有机统一

法律法规通过规定人们的权利和义务来调整社会关系，不同于社会道德只以义务来调整社会关系。公民在法律面前一律平等，任何公民在享有宪法和法律法规规定的权利的同时，也必须履行其规定的法定义务。

二、食品安全法律体系

（一）概念

食品安全法律法规是针对食品安全问题而制定的一系列法律法规，是食品生产经营及其监督管理等所有食品相关活动的重要法律依据。食品安全法律法规通常以法律或政令的形式颁布，对全社会具有普遍的约束力，其制定与实施对于保障食品安全、促进公众健康具有重要意义。

食品安全法律体系是由国家权力机关或立法机关及各级政府制定、实施的事关食品安全现行法律法规的整合，是食品"从农田到餐桌"全程中食品与初级农产品，以及各种原料、添加剂和相关产品在生产、经营、抽样、检测、监管等所有现行法律法规和规章及相应的产品质量（安全）与监督检验标准等构成的彼此分工协调、有机联系的法律法规体系，也称为食品安全法律法规体系。食品安全法律体系为规范食品链全程监督管理、维系食品生产与经营安全提供了极其重要的法律依据，是世界各国食品安全体系的重要保障。

（二）食品安全法律体系的构成

我国现行的食品安全监管体系是在《食品安全法》为基础的法律法规、部门规章以及标准规范等基础上建立起来的，内容涉及风险预防监管体系、生产经营许可制度、食品追溯、召回制度以及相应的法律责任制度，我国食品安全法律体系构成如下。

1. 食品安全法律

《食品安全法》与《中华人民共和国农产品质量安全法》（以下简称《农产品质量安全法》）作为我国食品安全领域两部最重要的法律，构筑了我国从农田到餐桌"两段式监管模式"。《农产品质量安全法》强调源头，即种植与养殖的要求与管理；《食品安全法》着重于源头之后生产、经营等过程的要求管理，是食品安全相关法律的核心。除上述两大主体法律外，食品安全相关法律还包括《中华人民共和国动物防疫法》《中华人民共和国国境卫生检疫法》《中华人民共和国进出境动植物检疫法》《中华人民共和国进出口商品检验法》等检验、检疫方面的法律，以及《中华人民共和国产品质量法》《中华人民共和国农业法》《中华人民共和国消费者权益保护法》等相关法律。

《食品安全法》是2009年2月28日第十一届全国人民代表大会常务委员会第七次会议通过并颁布实施，之后先后经历多次修订，现行版本为根据2021年4月29日第十三届全国人民代表大会常务委员会第二十八次会议《关于修改〈中华人民共和国道路交通安全法〉等八部法律的决定》第二次修正的修订本。作为食品安全方面的专门法，它是我国食品安全法律体系中法律效力层级最高的规范性文件，是制定食品安全配套法规、规章及其他规范性文件的重要依据。

现行《农产品质量安全法》为经2006年4月29日第十届全国人民代表大会常务委员会第二十一次会议通过，历经2018年修正、2022年修订，并于2023年1月1日正式实施的修订版。该法规定了预制菜原料源头——食用农产品的质量安全要求，由国务院农业农村主管部门、市场监督管理部门依照法律规定的职责，对农产品质量安全实施监督管理。

构建以《食品安全法》和《农产品质量安全法》为核心并与之相配套、相衔接的较为完备的法律体系，是保障预制菜食品安全的关键。

2. 食品安全法规

食品安全法规由国务院制定的与食品安全相关的行政法规，以及拥有地方立法权的地方人民代表大会及其常务委员会制定的地方性法规。如《中华人民共和国食品安全法实施条例》是根据《中华人民共和国食品安全法》制定的实施条例。该条例进一步强化了食品安全监管内容，要求县级以上人民政府建立统一权威的监管体制，加强监管能力建设，补充规定了随机监督检查、异地监督检查等监管手段，完善举报奖励制度，并建立严重违法生产经营者黑名单制度和失信联合惩戒机制。

地方人民代表大会及其常务委员会制定的地方性法规，如《江苏省食品安全条例》《四川省食品安全条例》等。这些地方性法规对预制菜监管作了进一步规定，《江苏省食品安全条例》从三个方面明确了相关部门对预制菜监管的责任，即要求食品安全监督管理、农业农村、交通运输、海关等部门按照职责分工，对预制菜原料和成品的生产、销售、贮存、运输、加工、进出口等环节加强全程食品安全监督管理。要求省卫生健康部门、农业农村部门分别将预制菜成品、原料纳入本省食品安全风险监测方案和农产品质量安全风险监测实施方案，并对其开展食品安全风险评估、食用农产品质量安全风险评估。要求省食品安全监督管理部门会同省卫生健康、农业农村等部门，在国家关于预制菜的定义、标准和食品安全管理要求明确后，制定我省预制菜的具体食品安全监督管理措施。

3. 食品安全规章

食品安全规章包括国务院各部门根据法律和国务院的行政法规，在本部门的权限内制定的规定、办法、实施细则、规则等规范文件，以及拥有地方立法权的地方人民政府根据法律和行政法规，制定的适用于本地区行政管理工作的规定、办法、实施细则、规则等规范性文件。如国家卫生健康委员会颁布实施的《食品安全标准管理办法》、市场监管总局颁布实施的《食品生产许可管理办法》，以及《国家食品安全监督抽检实施细则》《广东省市场监督管理局关于重大活动食品安全监督管理的实施细则》。

随着预制菜产业发展，各地方政府纷纷出台了一些针对预制菜监管的规章、办法等规范性文件。如上海市市场监管局今年2023年1月出台了《上海市预制菜生产许可审查方案》，是全国首个真正意义上的预制菜领域生产许可审查规范性文件，明确了上海市范围内8大类23小类食品纳入预制菜范围，速冻、冷冻、冷藏、常温预制菜确认了相应生产许可分类目录及审查依据，特别增设"其他食品：非即食冷藏预制菜"品种明细。但是，该地方性规章与2024年3月国家六部门印发的《关于加强预制菜食品安全监管 促进产业高质量发展的通知》存在一定冲突，应以上位法规定为准。

4. 食品安全标准

食品安全法律规范具有很强的技术性，一般需要与其配套的食品安全标准。虽然食品安全标准不同于食品安全法律法规和规章，其性质是属于技术规范，但《食品安全法》规定"食品安全标准是强制执行的标准"，故也是食品法律体系中不可缺少的部分。目前还没有出台专门针对预制菜相关的食品安全国家标准。

食品安全标准包括食品安全国家标准、食品安全地方标准。截至2024年3月，我国已制定发布1610项食品安全国家标准，涵盖340余种全部食品类别，包含2万余项指标，覆盖了影响我国居民健康的主要危害因素，同时建立了基本覆盖全国的食品污染物监测网络，监测指标超过1400项，初步构建起覆盖从农田到餐桌的食品安全国家标准体系。

目前，我国食品安全国家标准体系包括4大类标准：通用标准（15项）、产品标准（855项）、生产经营规范标准（36项）和检验方法标准（516项），另有190项被替代（拟替代）和已废止（待废止）标准；4大类标准有机衔接、相辅相成。

三、预制菜标准体系

（一）预制菜标准体系概述

随着2024年3月国家六部门《关于加强预制菜食品安全监管 促进产业高质量发展的通知》的印发对预制菜定义、范围有了明确的规定，《食品安全国家标准 预制菜》需要尽快出台，以便在监督管理过程有标准可依。推进预制菜标准体系建设，主要任务为：

（1）研究制定预制菜食品安全国家标准 统筹制定严谨、统一的覆盖预制菜生产加工、冷藏冷冻和冷链物流等环节的标准，明确规范预制菜食品安全要求。

（2）研究制定预制菜质量标准 推动研制预制菜术语、产品分类等质量标准，加强与食品安全国家标准的衔接。鼓励依法制定包括产品质量、检验方法与规程等内容的企业标准和团体标准。

完善预制菜食品标准体系建设，还需要着力解决以下几个方面问题：

①修订完善相关食品生产许可审查细则，提高预制菜行业准入门槛。各地市场监管部门要结合食品原料、工艺等因素对预制菜实施分类许可，严格许可审查和现场核查，严把预制菜生产许可关口。

②制定预制菜原料标准。指导食用农产品原料生产集中区加大优质农产品生产基地建设和相关设备设施投入，持续推进"第一车间"建设，提升食用农产品原料商品化和标准化水平；指导农产品种植户、养殖户科学用药，严防农药、兽药残留超标风险，保障农产品原料品质安全。鼓励预制菜生产企业与农民合作社、家庭农场等新型农业经营主体建立协作关系，保证食用农产品原料来源稳定、安全可靠。

③提升关键技术创新研发水平，解决预制菜生产规范标准问题。鼓励预制菜企业联合科研单位开展气调保鲜、精准保鲜与品质调控等关键共性技术研究，着力解决风味衰减难题；创新非热加工、微生物控制、微胶囊包埋、营养与风味稳态化等技术工艺，减少营养成分损失，提升产品品质和口味复原度；鼓励预制菜企业使用新型产品包装材料，减少包材使用量、提升包装强度，防止食品过度包装。

④修订完善地方标准，构筑完整、统一的预制菜标准体系。各地地方标准在鼓励预制菜产业发展起到了积极推动和食品安全监督作用。2024年3月国家六部门印发关于预制菜监督管理的通知中明确了预制菜的定义、范围，进一步指出预制菜不得添加食品防腐剂等规定，一些地方标准中涉及有关定义、类别、生产规范等已经不适用，需要及时修订完善。

（二）预制菜食品安全标准的制定

食品安全标准作为统一的概念首次出现在2009年《食品安全法》，此前，我国存在多个标准体系，包括食品卫生标准、食品质量标准以及行业标准等等，《食品安全法》首次规定，食品安全标准是唯一的强制性标准，食品安全标准外，不得存在其他强制性标准。因此，从效力而言，食品安全标准均为强制性标准。

1. 食品安全标准的制定与修订的法律依据

《食品安全法》和《中华人民共和国标准化法》是制定食品安全标准的主要法律依据。《中华人民共和国标准化法》规定：对保障人身健康和生命财产安全、国家安全、生态环境安全以及满足经济社会管理基本需要的技术要求，应当制定强制性国家标准。《食品安全法》对食品安全标准的制定与批准做出了明确规定。制定食品安全标准，应当以保障公众身体健康为宗旨，做到科学合理、安全可靠。食品安全标准是强制执行的标准。除食品安全标准外，不得制定其他食品强制性标准。对地方特色食品，没有食品安全国家标准的，省、自治区、直辖市人民政府卫生行政部门可以制定并公布食品安全地方标准，报国务院卫生行政部门备案。食品安全国家标准制定后，该地方标准即废止。

食品安全标准应当包括下列内容：

（1）食品、食品添加剂、食品相关产品中的致病性微生物，农药残留、兽药残留、生物毒素、重金属等污染物质以及其他危害人体健康物质的限量规定。

（2）食品添加剂的品种、使用范围、用量。

（3）专供婴幼儿和其他特定人群的主辅食品的营养成分要求。

（4）对与卫生、营养等食品安全要求有关的标签、标志、说明书的要求。

（5）食品生产经营过程的卫生要求。

（6）与食品安全有关的质量要求。

（7）与食品安全有关的食品检验方法与规程。

（8）其他需要制定为食品安全标准的内容。

2. 与国际标准协调一致性

世界卫生组织（WHO）和联合国粮食及农业组织1962年成立了国际食品法典委员会，协调建立国际食品法典标准。加入世界贸易组织（WTO）后，我国食品安全标准工作逐步与国际接轨。以食品中污染物限量标准为例，我国标准与国际食品法典标准项目和指标值的符合率超过70%。

3. 科学技术依据

在标准的制定过程中，制定食品安全国家标准，应当依据食品安全风险评估结果并充分考虑食用农产品安全风险评估结果，参照相关的国际标准和国际食品安全风险评估结果，并将食品安全国家标准草案向社会公布，广泛听取食品生产经营者、消费者、有关部门等方面的意见。食品安全国家标准应当经国务院卫生行政部门组织的食品安全国家标准审评委员会审查通过。食品安全国家标准审评委员会由医学、农业、食品、营养、生物、环境等方面的专家以及国务院有关部门、食品行业协会、消费者协会的代表组成，对食品安全国家标准草案的科学性和实用性等进行审查。

(三)预制菜标准现状

1. 标准发布区域化较为明显

从全国发布的现有预制菜标准来看,沿海地区发布的预制菜标准数量最多,且种类较为全面,除建设实施指南类标准外,术语和分类、技术规范、特定预制菜肴产品、质量要求等方面的标准均有涉及。

2. 标准划分更加详细

预制菜标准从最初的区域化到后来的菜品乃至原料细化,经历了从面向"全体预制菜"到"菜系预制菜"再到"某个预制菜"乃至"某个预制菜中的一个原料"的发展过程,预制菜标准的逐步细化,为大众了解认识预制菜提供了更多的视角。

3. 标准体系有待完善

我国预制菜标准处于起步阶段,目前只涵盖地方标准、团体标准和企业标准,与预制菜相关的国家标准、行业标准尚未出台,亟需开展预制菜标准化研究,如包装材料使用标准、营养标准、感官评价标准等,预制菜标准体系有待继续建立和完善。预制菜标准体系见图8-1。

总的来说预制菜标准体系有以下特点:

(1)大多数为某一种或某一类预制菜的标准,具有一定的使用局限性,虽制标速度加快,但预制菜的基础性标准仍较少。

(2)大多数为团体标准、地方标准和企业标准,还没有行业标准和国家标准,通用性需要提高。

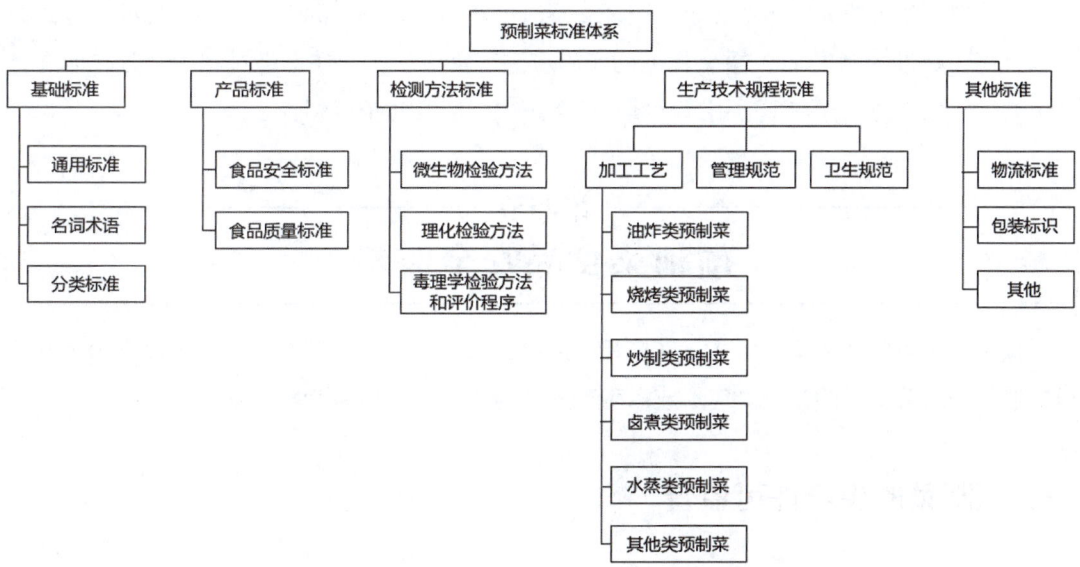

图8-1 预制菜标准体系

（3）从不同的领域（如餐饮领域、食品加工领域等）对预制菜进行制标，存在概念不清，边界不明，定义与分类模糊等问题。

（4）我国缺乏预制菜相关的卫生标准和加工规范，存在一定的不配套问题。例如，冷藏类的预制菜尚无据可依；冷冻类的预制菜直接引用冷冻食品标准则要求太低。

（四）食品标准在企业中的应用方式

确定标准在企业价值链的业务功能和活动中发挥了重要作用。标准只有在应用和实施中才能发挥价值和作用，并在其自身的不断完善过程中提升质量、规范流程。

1. 开展技术标准的符合性评估工作

企业内部可以开展技术标准的符合性评估工作，符合性评估对标准实施工作的验证以及标准在企业应用成效方面能够客观公正地进行评价。

2. 梳理并规范标准制/修订程序

开展标准梳理复审工作，重点解决标准不协调、交叉、矛盾、滞后老化及实施效果差等问题，给出是否废止或修订、能否转化、修订是否可以合并修订等系列结论。

3. 构建有效标准体系

持续对企业标准、行业标准、国家标准、国际标准等进行筛选、梳理和分类，在实践中不断完善优化，构建一套现代标准化体系，综合考虑技术、经济、社会的整体效益。

4. 构建技术标准试验验证机制

针对各类不同标准中相同技术参数不一致或有歧义的，给出专业数据进行佐证。标准实施过程中，若发现有关标准条款存疑问题，可以随时申请进行标准验证。

5. 建立有效的标准实施评价反馈机制

建立内部适用的标准体系并定期梳理、及时更新标准动态，深入参与国家标准、行业标准以及团体标准的制/修订。重要标准的实施应进行宣传，标准在实施过程中，若有标准交叉重叠、标准矛盾、标准不适用及标准缺失等现象，应及时予以纠正。

第四节 预制菜食品安全监督

预制菜作为食品的特殊形式，其监督应遵照食品的安全监督标准，主要可以分为生产阶段的监督和经营阶段的监督。应形成以生产监督为主，经营监督为辅的模式。

一、预制菜的生产许可监督

食品生产加工过程广义上包括食品从原料生产到消费者食用前的所有环节（从农田到

餐桌），即从农作物种植，动物的养殖、初加工到产品出厂，直至运输、销售和食用的全过程。本章所讨论的食品生产加工过程主要是指食品在工厂中从原料加工为成品的过程，涉及食品原料的采购、食品的加工工艺和加工行为以及原料、中间产品（半成品）和成品的包装、储运等环节。

（一）食品生产许可的概念

生产许可制度是行政许可的组成部分，是对直接关系公共安全、人体健康、生命财产安全的重要工业产品生产企业，进行必备条件核查和产品质量检验，确认其具备稳定生产合格产品的能力，并颁发工业产品生产许可证证书，允许其进行生产的一项行政许可制度，它是保证重要工业产品的质量安全，贯彻国家产业政策，促进社会主义市场经济健康协调发展的重要制度。

食品生产许可是在国家市场监督管理总局负责监督指导下，县级以上地方市场监督管理部门所负责的本行政区域内，根据食品生产许可管理合法主体的申请，依据法律法规、规章和食品安全国家标准等进行审核后，赋予其从事食品安全法律所规定的食品、食品添加剂及食品相关产品的生产资格的行为。在中华人民共和国境内，从事食品生产活动，必须依法取得食品生产许可。

市场监督管理部门按照食品的风险程度对食品生产实施分类许可，实行一企一证的原则，即同一个食品生产者从事食品生产活动，应当取得一个食品生产许可证。

生产许可证的管理机构是市场监督管理部门，其可按照食品的风险程度对食品生产实施生产许可；国家市场监督管理总局负责监督指导全国食品生产许可管理工作；县级以上地方市场监督管理部门负责本行政区域内的食品生产许可管理工作，自治区、直辖市市场监督管理部门可以根据食品类别和食品安全风险状况，确定市、县级市场监督管理部门的食品生产许可管理权限。保健食品、特殊医学用途配方食品、婴幼儿配方食品的生产许可由省、自治区、直辖市市场监督管理部门负责。县级以上地方市场监督管理部门实施食品生产许可审查，应当遵守《食品生产许可管理办法》《食品生产许可审查通则（2022版）》，企业申请取得食品生产许可，应当符合《食品安全法》的相关规定。

值得注意的是，食品生产许可审核的依据和审查通则通用性和要求均不具体，定性多定量少，审核尺度难把握，再加上车间设计、设备设施、原料选择、食品配方、加工工艺、检测仪器及人员等因素都可能影响产品质量。这就会造成不同种类的食品生产中质量控制的差别较大。因此，为保障食品安全，不但要加强食品生产环节许可的审核，更要加强对食品生产过程的监督和管理。

（二）食品生产许可

食品生产许可证制度是行政许可制度的一个组成部分，是为保证食品的质量安全，由国家主管食品生产领域质量监督工作的行政部门制定并实施的一项旨在控制食品生产加工企业生产条件的监控制度。该制度规定：从事食品生产加工的公民、法人或其他组织，必须具备保证产品质量安全的基本生产条件，按规定程序获得"食品生产许可证"，方可从事食品生产。没有取得"食品生产许可证"的企业不得生产食品，任何企业和个人不得销售无证食品。

（三）预制菜食品生产许可

各省市场监督管理部门根据各地的实际情况逐渐颁布了预制菜的界定。例如广西、辽宁、上海等省、市和自治区相继出台《预制菜生产许可审查细则》，其中对预制菜范围进行了定义，但是范围并不统一。2024年3月18日，国家市场监督管理总局等六部门发布《关于加强预制菜食品安全监管 促进产业高质量发展的通知》，对预制菜的范围进行规定，该文件是目前最权威，最具有指导性的意见。

预制菜作为食品的特殊形态，其原料多样、加工方法多样，既适用于一般的《食品生产许可管理办法》，也应制定出台相应的《预制菜生产许可管理办法》，提高市场准入门槛，规范市场行为。然而，在现行相关制度、规范下，在市场准入方面，预制菜品种申请生产许可的类别，应按照市场监管总局《食品生产许可分类目录》规定，根据产品的原料、工艺等提出申证食品类别、类别编号、类别名称和品种明细。

既然预制菜是食品的一类，所以预制菜的生产许可是食品生产许可的一种特殊形式。

（四）预制菜食品生产许可所覆盖的范围

目前已经有部分省市陆续颁布了预制菜生产许可审查工作的细则。如上海市市场监督管理局、江苏省市场监督管理局、浙江省市场监督管理局、安徽省市场监督管理局联合印发的《长三角预制菜生产许可审查指引》。随后，浙江、辽宁、新疆、广西陆续发布了各自的预制菜生产许可审查方案。

按照各地规定，预制菜品种申请生产许可的类别，应按照市场监管总局《食品生产许可分类目录》规定，根据产品的原料、工艺等提出申证食品类别、类别编号、类别名称和品种明细。

1．已有具体许可分类的预制菜

对已有具体许可分类的预制菜应按照《食品生产许可分类目录》规定的具体类别和品种明细提出，审批机构按照《食品生产许可审查通则》及具体类别许可审查细则，实施许可审查。

2．未纳入《食品生产许可分类目录》的预制菜

未纳入《食品生产许可分类目录》具体类别的，申证食品类别为"其他食品"，类别名

称为"其他食品",品种明细填写"其他食品:冷藏(非)即食预制菜类(申证预制菜执行标准中的产品名称)"。依据预制菜生产许可细则实施许可审查。预制菜生产许可分类目录及审查依据见表8-1。

表8-1 预制菜生产许可分类目录及审查依据

预制菜类别	食品类别	类别编号	类别名称	品种明细	审查依据	定义
速冻预制菜	速冻食品	1102	速冻调制食品	1. 生制品(具体品种明细) 2. 熟制品(具体品种明细)	《速冻食品生产许可证审查细则》	以食用农产品为主要原料,经调制、熟制或不熟制、速冻等工艺制成的产品
冷冻预制菜	肉制品	0403	预制调理肉制品	冷冻预制调理肉类	《肉制品生产许可证审查细则》	以鲜、冻畜禽肉或其可食副产品为主要原料,经调理、冷冻等制成的非即食产品
冷冻预制菜	水产制品	2203	鱼糜及鱼糜制品	冷冻鱼糜、冷冻鱼糜制品	《水产制品生产许可证审查细则》	以鲜(冻)鱼、虾、贝类、甲壳类、头足类等动物性水产品为主要原料,经斩拌、凝胶化、冷冻等制成的产品
冷冻预制菜	水产制品	2204	冷冻水产制品	冷冻调理制品、冷冻挂浆制品、冻煮制品、冻油炸制品、冻烧烤制品、其他	《水产制品生产许可证审查细则》	以鲜(冻)鱼、虾、贝类、甲壳类、头足类等动物性水产品为主要原料,经预处理、冷冻等制成的产品
冷藏预制菜	肉制品	0402	发酵肉制品	1. 发酵灌制品 2. 发酵火腿制品	《肉制品生产许可证审查细则》	以鲜、冻畜禽肉为主要原料,经预处理、发酵等工艺制成的产品
冷藏预制菜	肉制品	0403	预制调理肉制品	冷藏预制调理肉类	《肉制品生产许可证审查细则》	以鲜、冻畜禽肉或其可食副产品为主要原料,经调理、冷藏等制成的非即食的冷藏产品
冷藏预制菜	蛋制品	1901	蛋制品	其他类:其他	《蛋制品生产许可证审查细则》	以禽蛋及其制品为主要原料,经一定加工工艺制成的冷藏产品
冷藏预制菜	水产制品	2206	生食水产品	腌制生食水产品、非腌制生食水产品	《水产制品生产许可证审查细则》	以鲜活的水生动植物为原料,采用食盐盐渍、酒醋浸泡或其他工艺加工制成的可直接食用的冷藏水产品
冷藏预制菜	水产制品	2207	其他水产品	其他水产品	《水产制品生产许可证审查细则》	以鲜、冻鱼类、甲壳类、头足类等动物性水产品、藻类及其制品为主要原料调制成的冷藏水产品

续表

预制菜类别	食品类别	类别编号	类别名称	品种明细	审查依据	定义
常温预制菜	肉制品	0401	热加工熟肉制品	1. 酱卤肉制品：酱卤肉类、糟肉类、白煮类、其他 2. 熏烧烤肉制品 3. 肉灌制品：灌肠类、西式火腿、其他 4. 油炸肉制品 5. 熟肉干制品：肉松类、肉干类、肉脯、其他 6. 其他熟肉制品	《肉制品生产许可证审查细则》	以鲜、冻畜禽肉或其可食副产品为主要原料，经选料、修整、腌制、调味、成型、熟化和包装等工艺制成的肉制品
		0402	发酵肉制品	1. 发酵灌制品 2. 发酵火腿制品		畜禽肉在自然或人工条件下经特定微生物发酵或酶的作用，加工制成的一类可即食的肉制品
	蛋制品	1901	蛋制品	再制蛋类：皮蛋、咸蛋、糟蛋、卤蛋、咸蛋黄、其他	《蛋制品生产许可证审查细则》	以禽蛋及其制品为主要原料，经预处理、包装等工艺制成的产品
	水产制品	2201	干制水产品	虾米、虾皮、干贝、鱼干、干燥裙带菜、干海带、紫菜、干海参、干鲍鱼、其他	《水产制品生产许可证审查细则》	以新鲜的鱼、虾、贝类、头足类、海藻类等水产品为原料经相应工艺加工制成的产品
		2202	盐渍水产品	盐渍藻类、盐渍海蜇、盐渍鱼、盐渍海参、其他		以鲜、冻鱼类、甲壳类、头足类等动物性水产品、藻类及其制品为主要原料，经预处理、熟制或非熟制、包装等工艺制成的产品
		2205	熟制水产品	熟制水产品品种明细		
		2207	其他水产品	其他水产品		除干制水产品、盐渍水产品、鱼糜制品以外的所有以水生动物为主要原料加工而成的产品
	豆制品	2501	豆制品	非发酵豆制品：豆腐、豆腐泡、熏干、豆腐干、腐竹、豆腐皮、其他 其他豆制品：素肉、大豆组织蛋白、膨化豆制品、其他	《豆制品生产许可证审查细则》	以大豆或其他杂豆为原料，经加工制成的产品。注：部分豆制品贮存条件可能为冷藏
	罐头	0901	畜禽水产罐头	火腿类罐头、肉类罐头、牛肉罐头、羊肉罐头、鱼类罐头、禽类罐头、肉酱类罐头、其他	《罐头食品生产许可证审查细则》	以畜禽水产及其制品为主要原料，经处理、装罐、密封、杀菌或无菌包装而制成的食品

续表

预制菜类别	食品类别	类别编号	类别名称	品种明细	审查依据	定义
常温预制菜	罐头	0902	果蔬罐头	蔬菜罐头：食用菌罐头、竹笋罐头、莲藕罐头、番茄罐头、豆类罐头、其他	《罐头食品生产许可证审查细则》	以蔬菜为主要原料，经处理、装罐、密封、杀菌或无菌包装而制成的食品
		0903	其他罐头	其他罐头：其他		以畜禽水产、蔬菜、水果及其制品等多种原料拼配，经处理、装罐、密封、杀菌或无菌包装而制成的食品
其他	其他食品	3101	其他食品	具体产品名称	《食品生产许可审查通则》＋县级以上地方市场监督管理部门制定的审查方案	未列入《食品生产许可分类目录》和无审查细则的食品品种

（五）分装预制菜的市场准入

食品分装，指食品生产经营者将直接投放市场的预包装食品，经过一定的工艺控制，在不影响食品安全的前提下，将大包装食品分成小份，包装成含量较小的预包装食品的食品生产行为。食品经营环节将大包装食品拆零销售，不再加工成预包装食品的，不属于食品分装。

按照预制菜管理办法规定，实施生产许可的预制菜产品不允许分装。也就是说不得以分装方式生产预制菜。

为了保证预制菜质量与安全，部分地区实施生产许可的预制菜产品不允许分装，如浙江省颁布的《预制菜生产许可审查方案》、东莞市颁布的《冷藏、冷冻预制菜肴生产许可审查方案》中均明确规定不得以分装方式生产预制菜。

（六）不纳入预制菜生产许可的情况

预制菜的生产许可管理过程中应区分预包装食品和餐饮食品，有以下情景的不作为预制菜生产许可证的管理范围。

（1）对于仅有包装场地、工序、设备，不具备实际制作工艺生产条件的企业，不予生产许可。

（2）将已取得《食品生产许可证》且可独立销售的预包装食品组合包装成预制菜销售的，不纳入预制菜生产许可范围。

（3）除冷藏即食蔬果外，食用农产品未经调制，制成的常温或冷藏净菜不纳入食品生产许可范围。

（4）现制现售预制菜不纳入预制菜生产许可范围。

二、预制菜的生产场所审核要求

预制菜生产企业生产场所选址、厂区环境、厂房和车间的设计与布局、内部建筑与材料和库房、人员管理、制度管理等应符合《食品安全国家标准 食品生产通用卫生规范》(GB 14881)、《食品生产许可审查通则》的相关规定。

(一)厂区要求

厂区不应选择对食品有显著污染的区域。厂区周围无害虫大量滋生的潜在场所,无有害废弃物以及粉尘、有害气体、放射性物质和其他扩散性污染源。各类污染源难以避开时应当有必要的防范措施,能有效清除污染源造成的影响。现场提供的食品生产加工场所周围环境平面图与实际一致。

厂区环境整洁,无扬尘或积水现象。各功能区划分明显,布局合理。现场提供的食品生产加工场所平面图与实际一致。生活区与生产区保持适当距离或分隔,防止交叉污染。厂区道路应当采用硬质材料铺设。厂区绿化应当与生产车间保持适当距离。

(二)厂房和车间

应当具有与生产的产品品种、数量相适应的厂房和车间,并根据生产工艺及清洁程度的要求合理布局和划分作业区,避免交叉污染;厂房内设置的检验室应当与生产区域分隔。现场提供的食品生产加工场所各功能区间布局平面图与实际一致。

(三)库房要求

应当具有与所生产产品的数量、贮存要求相适应的,与食品生产加工场所平面图、食品生产加工场所各功能区间布局平面图中标注的库房一致。库房整洁,地面平整,易于维护、清洁,防止虫害侵入和藏匿。必要时库房应当设置相适应的温度、湿度控制等设施。

原料、半成品、成品、包装材料等应当依据性质的不同分设库房或分区存放。清洁剂、消毒剂、杀虫剂、润滑剂、燃料等物料应当分别安全包装,与原料、半成品、成品、包装材料等分隔放置。库房内的物料应当与墙壁、地面保持适当距离,并明确标识,防止交叉污染。

(四)生产场所的区域分割

生产区场所包括清洗、生产、包装、库房等场所,合理划分生产区域,生产场所面积应满足产能需求。检验室面积不包括在生产场所面积内。生产过程对生产用水有净化要求的,还应设置专用的水处理车间。

生产场所根据清洁度分为:一般作业区(外包装区、仓储区等)、准清洁作业区(清洗区、预处理区、冷藏区等)、清洁作业区(配制区、冷却区、内包装区等)。准清洁作业区和清洁作业区车间入口处应分别设有洗手、更衣、鞋靴消毒、风淋（清洁作业区）等设施。

生产场所各区之间应根据生产流程、生产操作需要和洁净度的要求采取有效隔离措施，物流口应装有防护设施，防止交叉污染。

预制菜生产车间及作业区划分见表8-2。

表8-2 预制菜生产车间及作业区划分

产品	一般作业区	准清洁作业区	清洁作业区
冷藏即食菜肴	原料验收区、外包装区、仓储区等	原料预处理区、产品调味区、配料区、半成品贮存区、热加工区（含熟制热加工区）等	即食菜肴冷却区、内包装间等
其他冷藏预制菜类	原料验收区、外包装区、仓储区等	原料预处理区、产品调味区、配料区、热加工区、内包装区等	—

畜禽类、果蔬类、水产类食品原料预处理场所应分隔或分离；即食原料预处理场所应独立设置，与非即食原料分隔，并明确标识，避免交叉污染。

1. 冷藏菜肴热加工的生产场所要求

冷藏菜肴热加工、冷却、包装等生产场所应独立隔间，其面积比例应相互协调。消毒后的工用具、容器或者接触直接入口食品的工用具和容器，应存放在专用保洁设施或者场所内。保洁设施应正常运转，有明显的区分标识。定期清洁保洁设施，防止清洗消毒后的工用具、容器受到污染。

冷藏即食预制菜冷却间、内包装间（含非即食）应参照《食品工业洁净用房建筑技术规范》（GB 50687）进行设计，备有空气、温湿度控制设备，洁净级别不低于Ⅲ级。生产状态下内包装间环境温度处于15℃（不含）以下。

2. 冷藏库

应配备冷藏库，冷藏库面积与产能相适应，冷藏库环境温度应为0~10℃。

冷藏库应具备配套的制冷系统或保温条件缓存区的封闭月台，同时与车辆对接处应有防撞密封设施。冷藏库门应配备限制冷热交换的装置，并设置防反锁装置和警示标识。

3. 预制菜生产的设施设备

生产设备，供排水、消毒、废弃物存放、个人卫生、通风、照明、温控、检验等设施应符合《食品生产许可审查通则》中设备设施相关规定。预制菜常规生产设备设施见表8-3。

表8-3 预制菜常规生产设备设施

产品	设施设备
冷藏预制菜肴	原料清洗设备设施、原料预处理设备、称量设备、热加工设备、冷却设备（真空冷却机、隧道式冷却设备或差压冷却库等）、冷藏设备、自动包装设备设施、异物检测设备、清洁消毒设备设施、通风及空气过滤装置设施、温度控制设施
其他冷藏预制菜类	原料清洗设备设施、原料预处理设备、称量设备、热加工设备（需要时）、冷藏设备、自动包装设备设施、异物检测设备、清洁消毒设备设施、温度控制设施

应配备相应的食品、工器具和设备的清洁、消毒设施。

原材料初加工场所应根据原料属性分别设置畜禽类、果蔬类、水产类原料独立清洗水池。接触即食食品的工器具、容器的清洗消毒水池应独立设置,并保持专用。采用自动清洗消毒设备的,设备上应配备温度监控和清洗消毒剂自动添加装置,温度监控装置应定期校准、维护。

用于接触即食食品的工器具、容器应用色标给予严格区分;食品原料、半成品、成品的容器和工具分开放置和使用。

应根据生产过程需要,配备通风排气、空气过滤、场所消毒设施,有效控制生产环境温度、湿度和洁净度,保证空气由清洁度要求高的作业区域流向清洁度要求低的作业区域。通风、过滤、消毒设施应易于清洁、维修或更换。

生产工艺需要冷却的,应配备与生产品种、数量相适应的冷却设备。

冷藏预制菜热加工后应立即冷却,保证热加工后2h内将其中心温度降至10℃以下。

冷藏库应配置温湿度监测、记录、报警、调控装置。

冷藏库温度传感器或温度记录仪应放置在最能反映食品温度或者平均温度的位置,建筑面积大于100㎡的冷库,温度传感器或温度记录仪数量不少于2个。

根据预制菜原料和工艺需要,可配备环境温度计、余氯消毒测试纸等食品加工环节控制检测设备设施,以及瘦肉精、农药残留、甲醛、孔雀石绿、亚硝酸盐等食品安全快速检测设备设施,开展食品安全快速检测。

4. 预制菜设备布局与工艺流程

预制菜设备布局与工艺流程应符合《食品生产许可审查通则》中设备布局和工艺流程相关规定。

预制菜生产设备的配备应与产品生产工艺相符,应根据产品特性、质量要求、风险控制等因素确定关键控制环节。预制菜生产常规工艺流程与关键控制环节见表8-4。

表8-4 预制菜生产常规工艺流程与关键控制环节

产品	工艺流程	关键控制环节
冷藏预制菜	原料验收、原料预处理(条件解冻、清洗、分切、称量、搅拌、腌制、滚揉、上浆等)、熟制、包装、异物探测、冷藏杀菌(需要时)	1. 原料的质量安全控制 2. 熟制温度与时间控制 3. 异物控制 4. 杀菌控制参数(如有杀菌工艺) 5. 生产场所室温、洁净度控制 6. 生产物料及成品贮存温度控制 7. 配料过程控制(添加限量食品添加剂或有食用限量的新食品原料)

续表

产品	工艺流程	关键控制环节
其他冷藏预制菜类	原料验收、原料预处理（清洗、分切、挑拣、称量、搅拌、腌制、滚揉等）、包装、异物探测、冷藏。	1. 原料的质量安全控制 2. 熟制温度与时间控制（如熟制工艺） 3. 异物控制 4. 杀菌控制参数（如杀菌工艺） 5. 产品贮存过程中的温度控制 6. 配料过程控制（添加限量食品添加剂或有食用限量的新食品原料）

注：若产品中含有湿粉制品、食用菌产品等可能产生生物毒素的成分，应加强产品检测控制。

（五）预制菜的人员管理

预制菜生产人员应符合《食品生产许可审查通则》中人员管理的相关规定。

应配备食品安全管理人员和专业技术人员，食品安全管理人员应了解食品安全的基本原则和操作规范，能够判断食品安全潜在的风险，采取适当的预防和纠正措施，确保有效管理。自行开展产品检验的企业，应具备2名及以上检验人员。检验人员应经专业理论和实践的学习培训，获得相关培训证明，其能力应覆盖即食蔬果产品自行检验项目，能独立开展工作。

应对本单位的从业人员进行上岗前和在岗期间的食品安全知识培训，并建立培训档案。应对食品安全管理人员、关键环节操作人员及其他相关从业人员进行考核。考核不合格的，不得上岗。

直接接触入口食品的从业人员应定期开展健康检查，取得健康证明后方可上岗工作。

（六）预制菜生产管理制度

应符合《食品生产许可审查通则》中制度管理的相关规定。

建立食品、食品添加剂和食品相关产品采购管理制度。保证采购的食品、食品添加剂和食品相关产品符合国家法律法规和食品安全标准要求，不得采购法律法规禁止生产经营的食品、食品添加剂和食品相关产品，以及未通过国务院卫生行政部门安全性评估的新的食品原料、食品添加剂新品种、食品相关产品新品种。

建立食品原料供应商审核制度。明确风险收集要求，制定供应商食品安全检查评价规范和检查评价结果处置规定，定期或不定期对主要原料和食品供应商的食品安全状况进行检查评价，并做好记录。发现原料存在严重食品安全问题的，应立即停止采购，并向本企业、主要原料供应商所在地的食品安全监督管理部门报告。

建立产品配方管理制度。列明配方中使用的食品添加剂、食品营养强化剂、新食品原料的使用依据和规定使用量。原料使用的食品添加剂、食品营养强化剂、新食品原料应符合相应食品安全国家标准及国务院卫生行政部门相关公告的规定。生产过程中使用的食品添加剂，应当使用GB 2760表A.3所列食品类别除外的、GB 2760表A.2规定可在各类食品中按生产需要适量使用的食品添加剂，并在标签中明确标示，其他食品安全标准另有规定的，应遵从其规定。

建立生产过程监控管理制度。应结合生产工艺及产品特点制定食品原料、加工环境、加工过程和成品检验监控规范，监控项目、监控指标、监控要求和监控频率应合理设置。对监控发现的问题，应立即采取措施予以纠正，并对发现的问题和处置结果予以记录。

建立产品检验管理制度。企业应制定包括原辅料检验、生产过程检验、生产场所监测、产品出厂检验等的检验管理制度，确保产品符合食品安全标准的有关要求。相关产品没有食品安全标准的，企业应依法制定企业标准，综合考虑产品特性、工艺特点、原料控制等因素，明确出厂检验项目、批次、频次和检验要求。每年至少2次根据产品执行的食品安全标准或企业标准进行全项检验，并按执行标准判定合格，检验项目和涉及的检验方法应符合法律法规的有关规定。

产品出厂检验可自行检验，也可委托具有检验资质的第三方检测机构进行检验。企业自行检验的，应当具备相应的检验能力，每年至少进行1次全项目检验能力验证。

建立冷链运行管理制度。需冷藏的原料、半成品、成品，明确其贮存的温湿度监控和记录要求、冷藏设备定期维护要求、食品冷链运输的温度监控和记录要求。对预制菜物流冷链运输过程中的温度进行实时监控，冷藏车应设有温度控制预警装置。

委托具备冷藏运输资质的第三方物流运输的，应依法确定双方的权利义务，明确保障食品安全的措施要求，并附书面委托运输协议。

建立食品安全追溯管理制度。鼓励企业采用包装上印制二维码等技术集成食品原料来源、产品自检等信息供消费者查询。鼓励企业采用信息技术系统和手段进行文件和记录的管理。

建立和实施生产、配送的危害分析与关键控制点等食品安全管理体系进行食品安全控制。

（七）预制菜的试制产品检验报告

企业按照所申报预制菜执行标准，提供试制产品检验合格报告，企业应当对检验报告真实性负责。试制食品检验可以由生产者自行检验，或者委托有资质的食品检验机构检验，企业应对提供的检验报告真实性负责。

（八）预制菜补充规定

预制菜包装食品应当符合《食品安全国家标准 预包装食品标签通则》（GB 7718）的规定，并在包装上标注食用方式、主要原料的百分含量。

预制菜要配备各类配料包,属于自行生产的,其原料仅限卫生健康部门公布的用于普通食品原料生产加工的按照传统既是食品又是中药材的物质,其产品配方、工艺流程、设备设施等,在申请预制菜生产许可时一并进行许可审查,配料包不得作为独立的产品对外销售。属于分装预包装食品的,应保证其获得食品生产许可证、质量符合食品安全国家标准、剩余保质期超过预制菜成品保质期等质量安全要求。预制菜生产原料检验、环境监测和成品检验监控指南见表8-5。

表8-5 预制菜生产原料检验、环境监测和成品检验监控指南

	监控项目	监控指标	监控要求	监控频率
原料检验	畜肉	瘦肉精（盐酸克仑特罗、沙丁胺醇、莱克多巴胺）	按农业农村部公告第250号要求	批发采购的每批次产品
	水发产品	甲醛	符合相关要求	批发采购的每批次产品
	水产品	孔雀石绿	按农业农村部公告第250号要求	批发采购的每批次产品
	果蔬	农药残留（有机磷氨基甲酸酯类）	按GB 2763要求	批发采购的每批次产品
	腌制畜禽肉品、腌（盐）制料	亚硝酸盐	按GB 2760要求	批发采购的每批次产品
	含乳、豆类及其制品、坚果及其籽类	真菌毒素	按GB 2761要求	批发采购的每批次产品
环境监测	水质	菌落总数、总大肠菌群、余氯	按GB 5749要求	每年委托有资质的检验检测单位检验1次,自检每批次不少于1次
	包装间等洁净区域食品接触表面	温度、湿度、压差值	按GB 50457要求	每批次不少于1件次
		悬浮粒子、浮游菌、沉降菌	按GB 50457要求	每月不少于1次
		大肠菌群等	按GB 14934要求	每周不少于1次
成品检验	成品	感官	企业自定、符合相应产品执行标准要求	每批不少于1件次
		标签	按GB 7718要求	每批不少于1件次
		菌落总数	符合相应产品执行标准要求	每批不少于1件次
		致病菌	按GB 29921要求或按GB 31607要求	即食类预制菜每月不少于1次;非即食类预制菜每年2次
		污染物	按GB 2762要求	每年2次,定期与有资质的检验单位进行比对
		过氧化值	符合相应产品执行标准要求	每批次不少于1件次
		食品添加剂	按GB 2760要求	每年2次,定期与有资质的检验单位进行比对
		大肠菌群等	按GB 14934要求	每批次不少于1件次

三、预制菜的经营监督

（一）食品经营许可证制度及法律依据

2023年12月1日起正式实施的《食品经营许可和备案管理办法》中规定，在中华人民共和国境内从事食品销售和餐饮服务活动，应当依法取得食品经营许可。下列情形不需要取得食品经营许可：

（1）销售食用农产品；

（2）仅销售预包装食品；

（3）医疗机构、药品零售企业销售特殊医学用途配方食品中的特定全营养配方食品；

（4）已经取得食品生产许可的食品生产者，在其生产加工场所或者通过网络销售其生产的食品；

（5）法律法规规定的其他不需要取得食品经营许可的情形。

除上述情形外，还开展其他食品经营项目的，应当依法取得食品经营许可。仅销售预包装食品的，应当报所在地县级以上地方市场监督管理部门备案。食品展销会的举办者应当在展销会举办前15个工作日内，向所在地县级市场监督管理部门报告食品经营区域布局、经营项目、经营期限、食品安全管理制度以及入场食品经营者主体信息核验情况等。法律法规、规章或者县级以上地方人民政府有规定的，依照其规定。

食品展销会的举办者应当依法承担食品安全管理责任，核验并留存入场食品经营者的许可证或者备案情况等信息，明确入场食品经营者的食品安全义务和责任并督促落实，定期对其经营环境、条件进行检查，发现有食品安全违法行为的，应当及时制止并立即报告所在地县级市场监督管理部门。

食品经营者在不同经营场所从事食品经营活动的，应当依法分别取得食品经营许可或者进行备案。通过自动设备从事食品经营活动或者仅从事食品经营管理活动的，取得一个经营场所的食品经营许可或者进行备案后，即可在本省级行政区域内的其他经营场所开展已取得许可或者备案范围内的经营活动。

（二）食品经营许可证的申请、审查和决定

1. 申请人

申请食品经营许可，应当先行取得营业执照等合法主体资格。

2. 经营项目

申请食品经营许可，应当按照食品经营主体业态和经营项目分类提出。

食品经营项目分为食品销售、餐饮服务、食品经营管理三类。食品经营项目可以复选。

食品销售，包括散装食品销售、散装食品和预包装食品销售。

餐饮服务，包括热食类食品制售、冷食类食品制售、生食类食品制售、半成品制售、自

制饮品制售等，其中半成品制售仅限中央厨房申请。

食品经营管理，包括食品销售连锁管理、餐饮服务连锁管理、餐饮服务管理等。

食品经营者从事散装食品销售中的散装熟食销售、冷食类食品制售中的冷加工糕点制售和冷荤类食品制售应当在经营项目后以括号标注。

具有热、冷、生、固态、液态等多种情形，难以明确归类的食品，可以按照食品安全风险等级最高的情形进行归类。

3．具备条件

申请食品经营许可，应当符合与其主体业态、经营项目相适应的食品安全要求，具备下列条件。

（1）具有与经营的食品品种、数量相适应的食品原料处理和食品加工、销售、贮存等场所，保持该场所环境整洁，并与有毒、有害场所以及其他污染源保持规定的距离；

（2）具有与经营的食品品种、数量相适应的经营设备或者设施，有相应的消毒、更衣、盥洗、采光、照明、通风、防腐、防尘、防蝇、防鼠、防虫、洗涤以及处理废水、存放垃圾和废弃物的设备或者设施；

（3）有专职或者兼职的食品安全总监、食品安全员等食品安全管理人员和保证食品安全的规章制度；

（4）具有合理的设备布局和工艺流程，防止待加工食品与直接入口食品、原料与成品交叉污染，避免食品接触有毒物、不洁物；

（5）食品安全相关法律法规规定的其他条件。

从事食品经营管理的，应当具备与其经营规模相适应的食品安全管理能力，建立健全食品安全管理制度，并按照规定配备食品安全管理人员，对其经营管理的食品安全负责。

4．提交材料

申请食品经营许可，应当提交下列材料。

（1）食品经营许可申请书；

（2）营业执照或者其他主体资格证明文件复印件；

（3）与食品经营相适应的主要设备设施、经营布局、操作流程等文件；

（4）食品安全自查、从业人员健康管理、进货查验记录、食品安全事故处置等保证食品安全的规章制度目录清单。

利用自动设备从事食品经营的，申请人应当提交每台设备的具体放置地点、食品经营许可证的展示方法、食品安全风险管控方案等材料。

营业执照或者其他主体资格证明文件能够实现网上核验的，申请人不需要提供本条第一款第二项规定的材料。从事食品经营管理的食品经营者，可以不提供主要设备设施、经营布局材料。仅从事食品销售类经营项目的不需要提供操作流程。

申请人委托代理人办理食品经营许可申请的，代理人应当提交授权委托书以及代理人的身份证明文件。

食品经营者从事解冻、简单加热、冲调、组合、摆盘、洗切等食品安全风险较低的简单制售的，县级以上地方市场监督管理部门在保证食品安全的前提下，可以适当简化设备设施、专门区域等审查内容。

从事生食类食品、冷加工糕点、冷荤类食品等高风险食品制售的不适用前款规定。

学校、托幼机构、养老机构、建筑工地等集中用餐单位的食堂应当依法取得食品经营许可，落实食品安全主体责任。

（三）审查与决定

1. 审查

县级以上地方市场监督管理部门应当对申请人提交的许可申请材料进行审查。需要对申请材料的实质内容进行核实的，应当进行现场核查。食品经营许可申请包含预包装食品销售的，对其中的预包装食品销售项目不需要进行现场核查。

现场核查应当由符合要求的核查人员进行。核查人员不得少于两人。核查人员应当出示有效证件，填写食品经营许可现场核查表，制作现场核查记录，经申请人核对无误后，由核查人员和申请人在核查表上签名或者盖章。申请人拒绝签名或者盖章的，核查人员应当注明情况。

上级地方市场监督管理部门可以委托下级地方市场监督管理部门，对受理的食品经营许可申请进行现场核查。

核查人员应当自接受现场核查任务之日起五个工作日内，完成对经营场所的现场核查。经核查，通过现场整改能够符合条件的，应当允许现场整改；需要通过一定时限整改的，应当明确整改要求和整改时限，并经市场监督管理部门负责人同意。

2. 决定

县级以上地方市场监督管理部门应当自受理申请之日起十个工作日内作出是否准予行政许可的决定。因特殊原因需要延长期限的，经市场监督管理部门负责人批准，可以延长五个工作日，并应当将延长期限的理由告知申请人。鼓励有条件的地方市场监督管理部门优化许可工作流程，压减现场核查、许可决定等工作时限。

县级以上地方市场监督管理部门应当根据申请材料审查和现场核查等情况，对符合条件的，作出准予行政许可的决定，并自作出决定之日起五个工作日内向申请人颁发食品经营许可证；对不符合条件的，应当作出不予许可的决定，说明理由，并告知申请人依法享有申请行政复议或者提起行政诉讼的权利。

食品经营许可证发证日期为许可决定作出的日期，有效期为五年。

县级以上地方市场监督管理部门认为食品经营许可申请涉及公共利益的重大事项，需要听证的，应当向社会公告并举行听证。

(四)许可证管理

(1)食品经营许可证分为正本、副本。正本、副本具有同等法律效力。

国家市场监督管理总局负责制定食品经营许可证正本、副本式样。省、自治区、直辖市市场监督管理部门负责本行政区域内食品经营许可证的印制和发放等管理工作。

(2)食品经营许可证应当载明:经营者名称、统一社会信用代码、法定代表人(负责人)、住所、经营场所、主体业态、经营项目、许可证编号、有效期、投诉举报电话、发证机关、发证日期,并附有二维码。其中,经营场所、主体业态、经营项目属于许可事项,其他事项不属于许可事项。

食品经营者取得餐饮服务、食品经营管理经营项目的,销售预包装食品不需要在许可证上标注食品销售类经营项目。

(3)食品经营许可证编号由JY("经营"的汉语拼音首字母缩写)和十四位阿拉伯数字组成。数字从左至右依次为:一位主体业态代码、两位省(自治区、直辖市)代码、两位市(地)代码、两位县(区)代码、六位顺序码、一位校验码。

(4)食品经营者应当妥善保管食品经营许可证,不得伪造、涂改、倒卖、出租、出借、转让。

食品经营者应当在经营场所的显著位置悬挂、摆放纸质食品经营许可证正本或者展示其电子证书。

利用自动设备从事食品经营的,应当在自动设备的显著位置展示食品经营者的联系方式、食品经营许可证复印件或者电子证书、备案编号。

(五)食品生产经营监督检查

1. 落实"四个最严"要求,实施"全覆盖"检查

规定县级以上地方市场监督管理部门应当每两年对本行政区域内所有食品生产经营者至少进行一次监督检查。对检查结果对消费者有重要影响的,要求食品生产经营者按照规定在食品生产经营场所醒目位置张贴或者公开展示监督检查结果记录表。对发现食品生产经营者有食品安全法实施条例规定的情节严重情形的,依法从严处理;对情节严重的违法行为处以罚款时,依法从重从严。同时,将监督检查情况记入食品生产经营者食品安全信用档案;对存在严重违法失信行为的,按照规定实施联合惩戒。

2. 划分风险等级,强化食品安全风险管理

结合食品生产经营者的食品类别、业态规模、风险控制能力、信用状况、监督检查等情况,将食品生产经营者的风险等级从低到高分为A、B、C、D四个等级,并对特殊食品生产者以及中央厨房、集体用餐配送单位等高风险食品生产经营者实施重点监督检查,根据实际情况增加日常监督检查频次。同时,按照风险管理的原则,制定食品生产经营监督检查要点

表,并综合考虑食品类别、企业规模、管理水平、食品安全状况、风险等级、信用档案记录等因素,编制年度监督检查计划。

3. 落实"六稳""六保",营造法治化营商环境

针对监管实践中对食品安全法规定的"标签瑕疵"认定难题,细化食品安全法的规定,综合考虑标注内容与食品安全的关联性、当事人的主观过错、消费者对食品安全的理解和选择等因素,统一瑕疵认定情形和认定规则。同时,落实新修订的行政处罚法,完善监督检查结果认定标准,依据是否影响食品安全并结合监督检查要点表确定的一般项目、重点项目,依法启动执法调查处理程序或者责令整改。对属于初次违法且危害后果轻微并及时改正的,可以不予行政处罚;对当事人有证据足以证明没有主观过错的,不予行政处罚。

4. 强化法治保障,以制度力量压实监管责任

落实《中共中央、国务院关于深化改革加强食品安全工作的意见》,将飞行检查、体系检查的监督检查方式纳入法治轨道,规定市场监督管理部门可以根据工作需要,对通过食品安全抽样检验等发现问题线索的食品生产经营者实施飞行检查,对特殊食品、高风险大宗消费食品生产企业和大型食品经营企业等的质量管理体系运行情况实施体系检查。同时,落实《食品安全法》及其实施条例,进一步完善了监督检查的程序性规定以及责任约谈、风险控制等方面的管理要求。

思考题

1. 制定预制菜标准的目的和意义是什么?
2. 请简述我国的预制菜标准现状。
3. 预制菜监管所涉及的法律与法规主要有哪些?
4. 预制菜监管涉及哪些职能部门?
5. 请从政府和企业的角度简述如何落实预制菜的监管。

参考文献

[1] 赵福振,杨格,杨铭铎,等. 发展预制菜产业的意义与前景——基于预制菜的食品属性[J]. 中国调味品, 2022, 22(10): 215-220.

[2] 徐宝成,黄桂东,刘建学,等. 中国传统菜肴工业化可行性分析[J]. 中国食品工业, 2006(10): 34-36.

[3] 冯玉珠. 烹饪学导论[M]. 北京: 中国轻工业出版社, 2016.

[4] 朱蓓薇,张敏. 食品工艺学[M]. 北京: 科学出版社, 2015.

[5] 税小林,孙钦秀,夏秋瑜,等. 预制菜包装技术的发展概况及趋势[J]. 包装工程, 2023, 44(13): 132-140.

[6] 肖欢,曹宏,陈士强,等. 预制菜的卫生安全与辐照技术在其应用进展[J]. 核农学报, 2023, 37(7): 1428-1434.

[7] 张智宏,杨逸凡,韩新阳,等. 预制菜包装技术的研究进展[J]. 包装工程, 2023, 44(9): 1-9.

[8] 张德权,刘欢,孙祥祥,等. 预制菜肴工业化加工技术现状与趋势分析[J]. 中国食品学报, 2022, 22(10): 39-47.

[9] 李冬梅,张雪迪,毕景然,等. 中式预制菜肴产业的传承与创新[J]. 中国食品学报, 2022, 22(10): 1-8.

[10] 吴晓蒙,饶雷,张洪超,等. 新型食品加工技术提升预制菜肴质量与安全[J]. 食品科学技术学报, 2022, 40(5): 1-13.

[11] 王娟,高群玉,娄文勇. 我国预制菜行业的发展现状及趋势[J]. 现代食品科技, 2023, 39(2): 99-103.

[12] 高伟伟,赵敏,陈燕. 浅析淮扬预制菜的保鲜技术及其对食品质量的影响[J]. 现代食品, 2023, 29(16): 66-68.

[13] 陈家凤,吴巨贤,程学勋,等. 现代保鲜技术在畜禽肉类预制菜中的应用[J]. 现代食品, 2023, 29(11): 67-69.

[14] 冯珊红,钟乐,程萍,等. 噬菌体保鲜技术在预制菜中的应用研究进展[J]. 包装工程, 2023, 44(9): 28-36.

[15] 张建军. 预制菜"保鲜"还需文火慢炖[N]. 经济日报, 2022-08-30.

[16] 罗一帆. 预制菜包装设计研究[J]. 上海包装, 2023（8）: 81-83.

[17] 李阳. 鲜粮蔬德品牌IP形象在预制菜包装设计中的应用研究[D]. 哈尔滨: 哈尔滨师范大学, 2023.

[18] 杨代明, 王建辉, 曾贤明, 等. 从共享湘菜理论出发探讨预制菜产业健康发展的问题与对策[J]. 食品与机械, 2023, 39（4）: 1-8.

[19] 刘敏. 浅议我国食品安全管理体系现状、困境和策略[J]. 现代食品, 2020（19）: 150-152.

[20] 安振武. 浅议国家食品安全管理体系构建: 现状、困境和策略[J]. 食品工业, 2020, 41（6）: 265-268.

[21] 王敏学, 李波, 温书凝, 等. 区块链技术赋能食品供应链溯源综述分析[J]. 电子科技大学学报（社科版）, 2023, 25（2）: 42-54.

[22] 谭林勇, 巴文浩. 食品供应链安全管理、区块链技术与食品安全质量的关系研究——以新疆地区为例[J]. 海峡科技与产业, 2021, 34（8）: 34-36.

[23] 李明佳, 汪登, 曾小珊, 等. 基于区块链的食品安全溯源体系设计[J]. 食品科学, 2019, 40（3）: 279-285.

[24] 黄彦斌. 区块链技术在食品安全管理中的应用研究[J]. 食品安全导刊, 2022（18）: 48-50.

[25] 马志梅, 高春平. 食品安全快速检测技术的应用和进展[J]. 食品安全导刊, 2022（17）: 173-175.

[26] 陈振东. 食品安全快速检测技术在食品安全监督中的运用浅析[J]. 食品安全导刊, 2023（3）: 121-123.

[27] 张迪. 食品安全管理体系在工业化生产中的应用研究[J]. 食品安全导刊, 2017（21）: 17.

[28] 廖婷. 预制菜食品安全问题研究[J]. 食品安全导刊, 2023（26）: 17-20.

[29] 郝振宇. 预制菜产业的食品安全风险及其治理对策研究[J]. 食品安全导刊, 2024（6）: 24-26.

[30] 陈晓旭. 试论预制菜食品安全监管现状及改进策略[J]. 食品安全导刊, 2024,（5）: 25-27.

[31] 上海市市场监督管理局, 江苏省市场监督管理局, 浙江省市场监督管理局, 安

徽省市场监督管理局. 长三角预制菜生产许可审查指引［沪市监食生〔2023〕17号］. 2023年1月13日.

［32］潍坊市食品协会. 预制菜产业园区建设指南，T/WFFA 3—2022［S］. 潍坊：潍坊市食品协会，2022.

［33］肖岚. 中央厨房工艺设计与管理［M］. 北京：中国轻工业出版社，2021.

［34］师景双，杨振东，袁慧等. 预制菜标准现状综述［J］. 食品工业，2023，44（8）：203-206.

［35］安俊文，方梓鎏，高希西等. 我国预制菜产业的发展现状、影响因素及发展趋势［J］. 食品与发酵工业，2024，50（5）：388-394.

［36］赵超凡，陈树俊，李文兵等. 预制菜产业发展问题分析［J］. 现代食品科技，2023，39（2）：104-109.

［37］孙晓红，李云. 食品安全监督管理学［M］. 北京：科学出版社，2017.